Mouchi Blaise Ahua

Wir sind doch Afrikaner

Vor und nach unserer Flucht

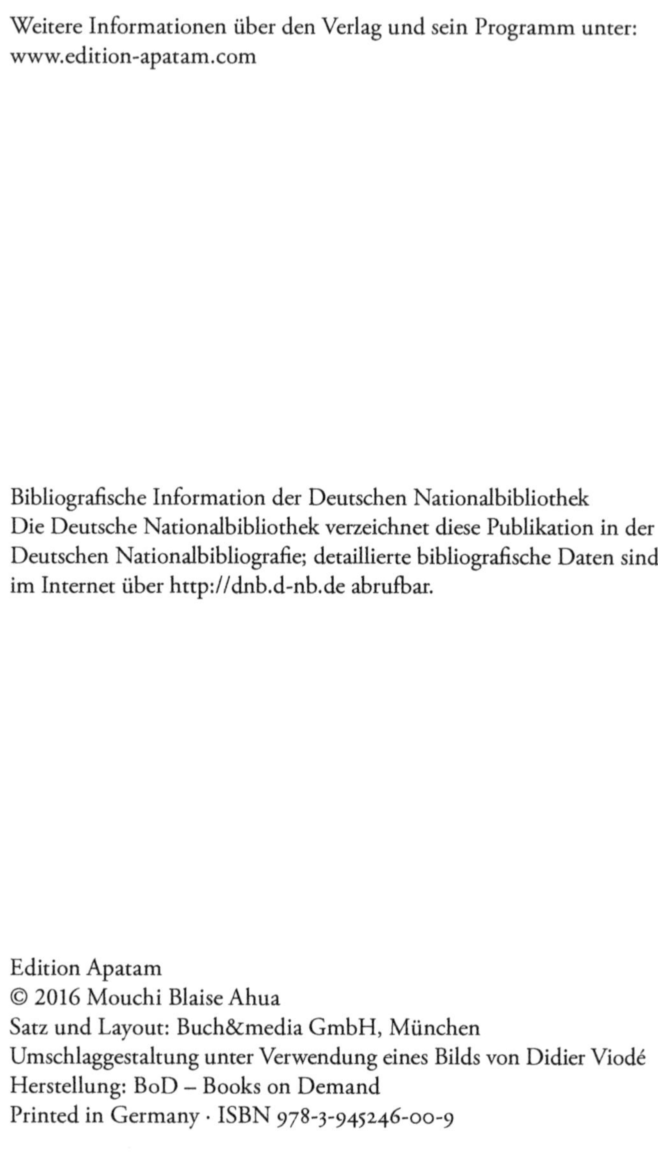

Weitere Informationen über den Verlag und sein Programm unter:
www.edition-apatam.com

Bibliografische Information der Deutschen Nationalbibliothek
Die Deutsche Nationalbibliothek verzeichnet diese Publikation in der Deutschen Nationalbibliografie; detaillierte bibliografische Daten sind im Internet über http://dnb.d-nb.de abrufbar.

Edition Apatam

Satz und Layout: Buch&media GmbH, München
Umschlaggestaltung unter Verwendung eines Bilds von Didier Viodé
Herstellung: BoD – Books on Demand
Printed in Germany · ISBN 978-3-945246-00-9

Ich wünsche mir, dass unsere nachfolgende Generation etwas über Cheikh Anta Diop erfährt.

Inhalt

Vorwort

Wie hätte ich, als freier Kinder- und Jugendbuchautor afrikanischer Herkunft, nicht Rücksicht auf solche Überlegungen der in Deutschland geborenen afrikanischen Kinder nehmen können?

Schon lange leben wir Afrikaner in Deutschland wie in vielen anderen europäischen Ländern auch. Viele von uns können sich noch an ihren damaligen Wunsch – kurz nach unserer Ankunft hier – erinnern: so schnell wie möglich in die Heimat zurückzukehren! Doch in der Zwischenzeit sind viele Dinge passiert: die Realität in der fremden, industriellen Welt. Und die Zeit verging, schnell sogar. Familien wurden gegründet; unter uns Afrikanern, aber auch mit den einheimischen Deutschen. Wir Afrikaner können uns nur schwer vorstellen, ein Leben ohne Kinder zu führen! Kinder bedeuten eine besondere Bereicherung für die Familie, für das Zusammenleben. Alle Kinder brauchen natürlich Liebe, Fürsorge, Wissensvermittlung, aber auch Respekt in ihrer Erziehung.

Unsere Kinder wachsen hier auf, besuchen wie die anderen Kinder auch die Kindergärten und Schulen. Aber sie machen ganz andere Erfahrungen. Das ist doch normal, würden manche sagen. Allerdings sind viele dieser Erfahrungen nicht gut für sie, für ihre gesunde Entwicklung nicht förderlich. Betrachten wir einmal, was hauptsächlich über Afrika berichtet wird, welche Bilder in den Medien gezeigt werden. Die meisten sind sehr negativ! Welchen Zweck hat das eigentlich?

Wie sollen sich die hier geborenen afrikanischen Kinder gegenüber all dem verhalten? Wie sollen sie sich hier wohlfühlen? Wie empfindet ein in Deutschland geborenes Kind mit afrikanischen Wurzeln wohl, wenn es mit dem Unwissen und den Vorurteilen über den Kontinent Afrika konfrontiert wird?

Was auf dem afrikanischen Kontinent tatsächlich passiert beziehungsweise in vielen Ländern Afrikas, ist für diese Kinder extrem schwer nachzuvollziehen. Es ist verwirrend. Viele dieser europäischen schwarzen Kinder schweigen bei den unvorstellbaren Berichten und Bildern über den afrikanischen Kontinent. Manche von ihnen bekommen Antworten oder Informationen von ihren Eltern und ihren Bekannten mit. Die Geschichte Afrikas ist einfach bewegend. Was ist denn eigentlich passiert, und wie? Wieso passiert es – in anderer Form – noch immer?

Bei dem Jungen Sékou, den diese Situation betrifft, wird die Neugierde mit den zunehmenden Fragen immer größer. Glücklicherweise kann er sich an Tonton Edouard wenden, einen Freund seines Vaters. Dieser Afrikaner weiß viel, er ist kultiviert. Und er hat sich dafür entschieden, Sékou und seiner Freundin Antworten auf ihre Fragen zu geben und mit ihnen zu diskutieren. Es ist an der Zeit, denkt Tonton

Edouard, unserer nachfolgenden Generation etwas über menschliche Strategien und politische Mechanismen beizubringen, sie zu enthüllen, damit sie ihren Kontinent und seine Geschichte besser versteht und sich vernünftiger in dieser »verrückten« Welt orientieren kann. Und zwar mit Fakten!

Dieses Buch soll dazu dienen, jungen Menschen, egal ob afrikanischer, deutscher oder anderer Herkunft, Orientierungs- und Lebenshilfe zu sein.

Eins

Mein erstes Treffen mit Tonton Edouard

Jeder Besuch bei Tonton Edouard war eine Lehrstunde. Er hat mir viel über unsere Kultur beigebracht, über die afrikanische Weisheit, aber auch, warum die Afrikaner solche Schwierigkeiten haben, warum es in vielen afrikanischen Ländern Unruhen auf sozialer und politischer Ebene gibt. Über die Welt hat er mir ganz im Vertrauen viele Dinge erklärt: über das Leben an sich, das gelebte Leben, die heutige Welt. Ich hatte von meinem Vater gehört, dass Tonton Edouard ein kluger Mann ist. Mein Vater zeigte sich immer von ihm beeindruckt, von seinem Wissen begeistert: »Er hat ein so umfassendes Wissen«, sagte er. Das hat mich dazu gebracht, mich mit ihm anzufreunden. Ich war so froh, als er mich eines Tages mit »mein kleiner Freund« begrüßte. Sein Gesichtsausdruck verriet, dass er mich sehr mochte. Ganz sicher. Er selbst war ein glücklicher Mensch, nicht, weil er Bier mit meinem Vater getrunken hatte, nein, er war wie er immer war, wenn er zu uns kam: Er war einfach lebensfroh.

Drei Jahre ist das nun her. Ich war in der siebten Klasse, als ich mich mit ihm das erste Mal unterhielt. Mit einem Zögern in der Stimme hatte ich es geschafft, ihn zu fragen, was mir seit Langem schon auf dem Herzen lag. Allerdings waren das viele Vorurteile über Afrika und Afrikaner. Damals wollte er sich nicht mit mir unterhalten. Mit gerunzelter Stirn sagte er zu mir: »Sékou, du bist noch zu klein für so was«, und dann lächelte er.

*

Heute habe ich Glück! Tonton Edouard erinnert mich daran, dass ich ihn einmal etwas fragen wollte. Ich bin ziemlich erstaunt, aber sehr zufrieden. Zum Glück haben wir diese Woche in der Schule über die verschiedenen Religionen gesprochen, vom Glauben der Menschen an Gott in der ganzen Welt: Buddhismus, Christentum, Islam, aber auch von Voudou in Afrika. Davon habe ich nicht viel mitbekommen. Ich muss Tonton Edouard fragen, da er ja »viel im Kopf hat«, wie mein Vater sagt. Er ist heute wieder bei uns. Eine gute Gelegenheit!

»Voudou? Tja«, sagt er seufzend.

»Ja, Voudou!«, wiederhole ich.

»Ganz ehrlich, Sékou, ich weiß nicht viel davon. Und was hat deine Lehrerin gesagt?«

»Das ist eine Religion, oder? Die afrikanische Religion, nicht wahr?«

»Ob das eine Religion ist, das weiß ich wirklich nicht. Was ich weiß, ist, dass die Religion in Afrika vielfältig, vielseitig ist, wie die Kulturen, die Sitten, die Menschen, dann wie der Glaube selbst.«

»Aha … spannend!«

»Ja, Afrika ist spannend!«, sagt Tonton Edouard und lächelt vergnügt.

»Vielseitig, was meinen Sie damit?«

»Oh, Sékou! Das sind komplizierte Dinge.« Er seufzt erneut. »Das Leben auf der Erde ist nicht so einfach zu verstehen, mein lieber kleiner Freund …«

Jetzt bin ich noch neugieriger geworden.

»Das Leben auf der Erde, haben Sie gesagt?«

»Ja!«, antwortet Tonton Edouard ganz bestimmt.

»Meinen Sie, es gibt auch Leben irgendwo anders?«

»Bei den Völkern Afrikas in jedem Fall. Der Glaube an ein anderes Leben ist kein Thema«, antwortet er und guckt mich merkwürdig an. »In vielen anderen Völkern und Zivilisationen ist das auch so …«

»Spannend!«

»Ja, die Welt ist spannend!«

»Tonton Edouard …?«

»Ja?«

»Ich … ich würde Ihnen sehr dankbar sein, wenn Sie mir ein wenig von Afrika erzählen könnten. Ich will Afrika kennenlernen, und auch die Welt. Meinem Vater ist das egal. Er beschäftigt sich nur mit Dingen, um Geld zu verdienen. Für so was interessiert er sich nicht, selbst wenn ich ihn frage. Er sagt immer nur ›ich bin kein spiritueller Mensch‹, obwohl ich dazu schon viel von Afrikanern gehört habe.«

»Oh, Sékou!«, ruft Tonton Edouard freundlich. »Dein Vater sagt, er sei kein spiritueller Mensch?«

»Ja, Tonton Edouard, das sagt er. Könnten Sie mir bitte was von Afrika in diesem Sinne erzählen? Was ist ein spiritueller Mensch überhaupt?«

Tonton Edouard guckt sich verdutzt um und nickt.

»Hauptsache, man hat den Willen dazu und ist bereit ...«, sagt er.

»Ich verstehe Sie nicht.«

»Ich meine, ich werde versuchen, dir ein wenig davon zu erzählen. Es ist wichtig, dass auch junge Menschen, die später unsere Kultur bewahren sollen, dies schon früh lernen. Hauptsache, man hat den Willen und ist dazu bereit. Verstehst du?«

»Ich verstehe ein bisschen. Danke, Tonton Edouard«, sage ich unzufrieden.

»Komm bitte am Sonntag zu mir. Ich warte am Nachmittag auf dich, komm spätestens um vier Uhr.«

»Sehr gerne!«

Seitdem bin ich unruhig. Viele Gedanken wirbeln durch meinen Kopf. Ich bin gespannt. Ich stelle mir viele Dinge vor. Ich bin aufgeregt, aber zur gleichen Zeit so froh, dass sich Tonton Edouard endlich dazu entschlossen hat, mit mir über Afrika zu reden.

Auf dem Weg zu dem Treffen verspüre ich ein besonderes Gefühl. Ehrlich gesagt kann ich dieses Gefühl nicht richtig beschreiben. Es ist, als laufe ich unverbindlich in eine außerordentliche Welt. Zum Glück wohnen wir nicht weit voneinander entfernt. Die Strecke kostet mich nur circa dreizehn Minuten. Ich stehe vor der Haustür und schaue auf die Klingelschilder. Kenne ich eigentlich den Nachnamen von Tonton Edouard? Ich bleibe eine Weile stehen und lese alle Namen durch. Da fällt mir plötzlich was ein: Ich erinnere mich genau, dass mein Vater manchmal seinen Nachnamen ausruft, wenn Tonton Edouard zu uns kommt. Ja, sage ich zu mir selbst, das ist dieser Nachname. Voller Selbstvertrauen drücke ich überzeugt auf den Klingelknopf. Sofort ertönt seine Stimme aus der Sprechanlage mit einem »Ja?«. »Ich bin's, Tonton Edouard, Sékou«, sage ich etwas schüchtern. Die Tür quietscht. Ich öffne sie und trete in das Gebäude ein. »Komm nach oben, ganz oben«, höre ich ihn rufen. Ich sage nichts. Ich steige nur schnell die Treppe hinauf.

»Salut, mein kleiner Freund!«, sagt er, als er mich den letzten Treppenabsatz hochlaufen sieht.

»Hallo, Tonton Edouard.«

»Komm rein!«

Ich gehe hinein, bleibe aber im kleinen Flur stehen. Auf der linken Seite steht ein Regal vollgestopft mit Büchern, daneben ist eine Tür, wahrscheinlich ein Zimmer. Mir gegenüber ist das Badezimmer.

»Komm her. Bei mir ist es nicht wie bei euch!«, sagt er mit strahlendem Gesicht und läuft nach rechts. »Hier ist es sehr eng. Kein Wohnzimmer! Aber die Küche ist ziemlich groß, nicht wahr?«

Ich kann nicht antworten. Ich nicke nur.

»Setz dich. Ich hab was für dich vorbereitet. Was trinkst du überhaupt? Orangensaft, Apfelsaft oder Wasser, oder Tee?«

»Apfelsaft.«

Tonton Edouard sieht ganz besonders aus. Er wirkt älter. Er trägt eine helle Hose und ein buntes T-Shirt. Ich gucke ihn aufmerksam an. Er bewegt sich so langsam, als würde die Zeit für ihn nicht zählen. Ich sehe in seinem gütigen Gesicht eine ruhige Person. Tonton Edouard stellt eine kleine Schale mit Keksen und eine andere voller Erdnüsse auf den Tisch, dann lächelt er mich an.

»Und … alles klar?«, fragt er.

»Ja«, antworte ich.

Ich gucke mich um und betrachte die vielen Dinge in diesem Zimmer. Es ist voll mit Büchern!

»Haben Sie sie alle gelesen, die Bücher?«, frage ich.

»Diese hier, ja! Und du, liest du nicht gerne?«

»Doch. Aber so viel habe ich noch nicht gelesen …«

»Ah, das kommt noch, wenn du wirklich gerne liest. Es gibt heutzutage so viel zu erfahren. Womit wir beim Thema wären – was möchtest du von mir wissen?«

»Ich möchte, dass Sie mir ein wenig von der Religion in Afrika erzählen, auch von den spirituellen Menschen, da mein Vater ja oft behauptet, dass er keiner ist.«

»Oh ja, das war die Frage, ja die Frage, die … Frage.«

Ich starre ihn einfach nur an, ganz geduldig.

»Ein spiritueller Mensch, ein spiritueller Mensch …«, wiederholt er.

Mein Magen knurrt. Ich lenke mich mit einem Schluck Apfelsaft ab. Tonton Edouard sieht aus, als ob er in seinen Gedanken versunken wäre.

»Bevor ich von den spirituellen Menschen erzähle, reden wir erst mal über die spirituelle Seite Afrikas«, schlägt er vor. »Daraus entsteht wahrscheinlich die Aussage deines Vaters über sich selbst«.

»Sehr gerne, Tonton Edouard!«, sage ich zufrieden.

»Nun, in Afrika, zumindest in meinem Volk, leben die Menschen immer noch mit der Einstellung, dass es einen Gott gibt, dass es eine himmlische Welt nach dem Tod gibt. Und das zählt viel für viele. Das ist für andere das Wichtigste. Das Leben hier auf der Erde ist für uns nur ein Übergang.«

»Echt?«

»Ja, ganz bestimmt. Daraus entsteht unsere Denk- und Anschauungsweise, unsere Mentalität. Diese Einstellung wird in verschiedenen Religionen anders gesehen. Hier in Europa auch. Aber man sieht das nicht, man fühlt das nicht unter den Menschen. Ich denke, wegen ihrer anderen Bedürfnisse, wegen der materiellen Werte. Dieser Glaube an die spirituelle Welt wird hier als Wissenschaft gelehrt. Die Spiritualität in Afrika dagegen spielt noch eine große Rolle im Alltag der Menschen. Bei der Vorbereitung auf die himmlische Welt legen die Menschen hier auf der Erde großen Wert auf Toleranz, Vergebung, Hilfe, und so weiter. Leider übertreiben das viele und vergessen, dass sie auf der Erde sind, sodass sie häufig für dumme Leute gehalten werden.«

»Wieso? Wie sollen sich diese Menschen auf der Erde denn verhalten?«

Tonton Edouard räuspert sich. Woran er jetzt wohl denkt?

»Sie sollen einfach nicht vergessen, dass sie noch auf der Erde sind, dass sie nicht allein auf der Welt sind. Diese Menschen sollen die anderen in der Welt berücksichtigen, was sie konkret unternehmen, ihre Absichten, die Fortschritte aller Art. Sie sollen aber auch mehr für ihr eigenes Leben machen, in positiver Hinsicht.«

Ich sage nichts. Ich höre nur still zu. Was kann ich überhaupt dazu sagen?

»Diese Mentalität ist mit der Religion verbunden«, fährt er fort.

»Aha?«, mache ich gespannt und freue mich innerlich, nun mehr zu erfahren.

»Ja, die Religion, die Verbindung zu Gott, einem Allmächtigen. Das wird in anderen Kulturen ganz anders betrachtet.«

»Sie meinen, die Verbindung zu Gott, Tonton Edouard?«

»Ja! *Die* Verbindung«, sagt er lächelnd. »Darum gibt es immer ein Medium, einen Menschen, der spirituelle Fähigkeiten besitzt, um sich mit dem Allmächtigen in Verbindung setzen zu können. In manchen Kulturen Afrikas wird auch zusätzlich eine kleine Figur verwendet.«

»Eine Statue, davon habe ich gehört, aber ich wusste nicht recht, welche Rolle sie genau spielt.«

»Ja, das ist ihre Art und Weise, um mit Gott, dem Allmächtigen, in Verbindung zu treten. So werden Rituale durch das Medium oder unter dessen Leitung für den Allmächtigen durchgeführt, da die Menschen sich vorstellen, bald an seiner Seite sein zu dürfen. Ein Medium ist eine Mittelsperson, die über spirituelle Fähigkeiten verfügt, um die Wünsche und Bitten der Menschen zu vermitteln.«

»Sie meinen nach dem Tod?«

»Ja, natürlich. Das Leben dort hat für sie auch eine große Bedeutung.«

»Und was ist mit den spirituellen Menschen?«, frage ich vorsichtig.

»Spirituelle Menschen sind Leute, die einfach daran glauben und / oder sich so verhalten.«

»So? Wie?«

»Die sich so auf der Erde verhalten, als würden sie sich für das baldige Leben in der spirituellen Welt vorbereiten.«

Ich muss sofort an meinen Vater denken.

»Also, dann ist meinem Vater die spirituelle Welt nicht so wichtig?«

Tonton Edouard lacht. Er nimmt seine Teetasse und trinkt einen Schluck.

»Das ist, was er selber sagt. Ob es wirklich so ist, das weiß ich nicht. Und … ich glaube es nicht. Ich meine, ich nehme das, was er gesagt hat, nicht so ernst.«

Ein erleichtertes Gefühl überkommt mich.

»Ich kenne kaum Afrikaner, die nicht spirituell sind. Ich muss dir noch von der Spiritualität in der afrikanischen Gesellschaft erzählen, also in meinem Volk, wie zum Beispiel Zwillinge oder die Geschwister, die nach Zwillingen geboren werden, die *Amani*, von Geburt an als besondere Wesen betrachtet werden.«

»Wie meinen Sie das, Tonton Edouard?«

»Zwillinge und *Amani* zum Beispiel werden als mächtige spirituelle Menschen in unserer Gesellschaft angesehen, die über angeborene geistige Fähigkeiten verfügen. Vor Zwillingen hat man großen Respekt und Furcht, weil sie als außergewöhnliche Wesen gelten.«

»Und sind sie das?«, frage ich mit großen Augen.

»Vielleicht. Für sie werden regelmäßige Rituale durchgeführt. Und sie müssen sich nicht wie die anderen benehmen. Ich bin übrigens auch ein Zwilling.«

»Sie auch? Wirklich?« Ich bin erstaunt.

Tonton Edouard bleibt einen Augenblick ganz still. Eine ruhige Atmosphäre herrscht zwischen uns. Es ist, als wären wir in einer himmlischen Welt, wir allein. Ist das schon die spirituelle Welt?

»Könnten Sie mir bitte etwas über Ihre Kindheit als Zwilling erzählen, Tonton Edouard?«

Tonton Edouard schaut mir in die Augen.

»Ja, wenn du willst«, antwortet er leise.

Er steht plötzlich auf und geht in sein Schlafzimmer. Dabei summt er fröhlich ein merkwürdiges, trauriges Lied und kommt dann zum Tisch zurück. Er schimpft mit sich selbst. »Mensch! Ich habe gerade, ja, gerade vergessen, was ich holen wollte.« Dann bleibt er eine Weile geistesabwesend stehen.

»Hast du nächsten Sonntag Zeit?«, fragt er mich.

»Ja, ich glaube schon.«

»Schön, dann sehen wir uns nächsten Sonntag, okay? Ich erzähl dir dann von meiner Kindheit als Zwilling. Ich muss mich erst mal richtig daran erinnern.«

»Super! Ich freue mich schon.«

Ich denke, ich muss gehen, das sehe ich in seinen Augen. Also stehe ich auf.

»Danke, Tonton Edouard, bis Sonntag.«

»Gern geschehen. Das war mir ein Vergnügen mit dir, mein kleiner Freund. Grüße deine Eltern von mir«, sagt er, während wir zur Tür gehen.

»Mache ich, tschüss!«

Dann öffnet er mir die Tür.

Ich habe gut geschlafen, obwohl ich einmal aufgewacht bin und lange über mein Treffen mit Tonton Edouard nachgedacht habe. Danach habe ich mich umgedreht und bin wieder eingeschlafen. Jetzt mache ich mich fertig für die

Schule, fast übermütig, sodass sich meine Mutter schon wundert. Mir ist gerade eine Idee gekommen. Ich muss das alles dringend meiner Freundin Jamina, einer Afrikanerin, erzählen. Ja, ich weiß, dass die Pause dafür nicht reichen wird. Außerdem werden wir dabei sicher von anderen Mitschülern gestört. Das will ich nicht. Wann wäre wohl eine gute Gelegenheit? Ob ihr Vater sie heute von der Schule abholen wird? Vielleicht habe ich Glück, und er kann heute nicht kommen. Ich überlege. »Ich mache sie einfach in der Pause auf die Geschichte neugierig!«, sage ich mir. Gute Idee. So wird sie nach der Schule bestimmt auf mich warten und sich weigern, mit ihrem Vater nach Hause zu fahren.

Jaminas Vater kommt heute nicht. Ich freue mich sehr darüber. So können wir uns auf dem Nachhauseweg ungestört unterhalten. Sie ist ein Jahr älter als ich und besucht eine höhere Klassenstufe. Sie kennt Tonton Edouard auch, weiß aber nicht viel über ihn. Jaminas Vater ist ebenfalls ein Freund von meinem Vater. Wir wohnen etwas entfernt voneinander, deshalb entscheide ich mich, an ihrer Haltestelle auszusteigen. Wir haben noch keine Zeit zum Reden gehabt. Wir laufen, aber wissen eigentlich nicht, wo wir uns in Ruhe unterhalten können. Nun sind wir ungefähr hundert Meter entfernt von Jaminas Zuhause. Sie strahlt.

»Da können wir uns hinsetzen, Sékou!«, ruft sie und deutet auf eine Bank.

»Super, das ist gut!«

Wir setzen uns, und ich beginne, ihr alles weiterzugeben, was Tonton Edouard mir erzählt hat. Jamina hört mir mit großen Augen zu.

»Interessant«, sagt sie am Ende. »Meine Mutter hat mir schon mal von so was erzählt.«

»Ja? Ist deine Mutter ein spiritueller Mensch?«

»Ein spiritueller Mensch, das weiß ich nicht. Ich meine, sie hat mir mal von der spirituellen Welt erzählt. Triffst du Tonton Edouard wieder?«

»Ja, klar.«

»Gut, ich bin gespannt, was er dir weiter erzählen wird. Das ist eine gute Gelegenheit, mehr über Afrika von einem Afrikaner selbst zu erfahren. Das ist wichtig für uns, sagt mir mein Vater immer.«

»Ja, ich denke, er hat recht. Ich bin auch gespannt.«

Zwei

Eine Kindheit als Zwilling in Afrika

Ich spüre ein unsicheres Gefühl in meinem ganzen Körper. Eigentlich ist mein Kopf voller Gedanken, seit ich Tonton Edouard getroffen habe. Manchmal frage ich mich selbst, was mich dazu bewegt, auf solche Ideen zu kommen. Was treibt mich so an?

Wie vereinbart bin ich am nächsten Sonntag wieder bei ihm. Er hat eine Kerze angezündet. Ich bin ganz still, aber innerlich ungeduldig. Jetzt fängt er mit seiner Geschichte an.

»Ich war mir erst dessen bewusst, dass ich einen Zwillingsbruder hatte, als ich in der Schule war.«

Ich muss ihn sofort fragen, warum.

»Erst in der Schule? Wieso?«

Tonton Edouard wirft mir einen unbestimmten Blick zu. Dann bleibt er einen Augenblick nachdenklich.

»Er war schon tot. Ich wusste das nicht mehr. Er ist gestorben, als wir noch klein waren. Wir waren ungefähr eins, ungefähr …«

Mir läuft ein kalter Schauer den Rücken hinunter.

»Aber ich habe intuitiv gefühlt, dass jemand, ein Bruder, immer bei mir war. Oft passierte es im Schlaf. Ah, vielleicht waren es doch nur Erinnerungen«, fährt er fort.

»Mein Vater war ein Lehrer, und ich habe meine Kindheit in verschiedenen Dörfern eines bekannten Gebietes unseres Landes verbracht. Dieses Gebiet ähnelte dem meiner Mutter. Ich meine, es war dasselbe Volk. Es gibt über fünfzig verschiedene Völker in meinem Land, musst du wissen.«

Tonton Edouard macht eine Pause. Eine Weile herrscht Schweigen. Ich bin angespannt und will ihn höflich fragen, ob er weitererzählen kann. Aber ich warte besser, bis er selbst mit seiner Geschichte fortfährt, da ich schon bemerkt habe, dass die Zeit für ihn nicht so viel Bedeutung hat, zumindest, wenn er zu Hause ist.

»Meine Mutter lebte nicht mehr mit meinem Vater zusammen. Sie hatte sich scheiden lassen. Die neue Frau meines Vaters war schließlich meine Mutter geworden.«

Ich ziehe langsam die Augenbrauen hoch, unwillkürlich.

»In den Dörfern habe ich viel erlebt. Von da kommen meine Erkenntnisse über unsere Tradition. Mein Vater war als Lehrer sehr beliebt, und ich habe wie ein richtiges Dorfkind gelebt. Ich hatte viele Freunde, auch Zwillinge. Damals gab es nicht so viele Beamte in meinem Land. Das war einige Jahre nach unserer Unabhängigkeit im Jahr 1960. Mein Vater war der Leiter der Grundschule.«

Tonton Edouard seufzt tief und hebt sein Glas an den Mund. Ich muss mich trauen, ihm Fragen zu stellen.

»Und Sie selbst? Haben Sie nicht auch als Zwilling gelebt? Waren Ihre Zwillingsfreunde denn spirituell mächtig?«

Tonton Edouard zwingt sich zu einem Lächeln.

»Doch«, antwortet er, »aber nicht so lange. Später, als ich älter geworden bin, habe ich besser verstanden, wie besonders wichtig die Zwillinge bei uns sind, in unserer Tradition.«

»Warum haben Sie nicht länger als Zwilling gelebt? Weil Ihre Mutter nicht da war?«

»Nein. Mein Vater war sehr europäisch. Er hat von vielen Dingen in unserer Kultur Abstand gehalten, sodass seine Schwestern – er hatte keinen Bruder – nicht sehr zufrieden mit ihm waren. Er war der Jüngste. Schließlich hat er eingewilligt, etwas für mich zu veranstalten.«

»Waren Sie auch mächtig?« Ich muss ihn das jetzt einfach fragen.

Tonton Edouard lächelt mich freundlich an.

»Lass mich dir bitte erst über das Leben der Zwillinge in Afrika erzählen, okay?«

Ich nicke begeistert.

»Wie ich dir schon mitgeteilt habe, werden Zwillinge bei uns als außergewöhnliche Menschen angesehen. Man muss ihnen gegenüber viel Respekt, aber auch Furcht haben, weil man davon ausgeht, dass sie über mächtige spirituelle Kräfte verfügen. Damit können sie die Familie gegen böse Menschen schützen und wichtige Ereignisse vorhersehen. Der ältere Zwilling ist bei uns übrigens derjenige, der als Zweiter auf die Welt kommt«, sagt er und lächelt.

Wieder muss ich ihn unterbrechen und fragen, warum.

»Ja, weil im Leben der Ältere den Jüngeren beschützen

soll. Nur wenn er – der Jüngere – vor ihm ist, kann er ihn bewachen, falls ihm zum Beispiel ein Unglück passieren sollte. Ja, das klingt vielleicht nicht logisch, aber solche Dinge muss man einfach versuchen zu verstehen. Es gibt nämlich immer einen Grund, einen kulturellen Grund.«

»Doch, Tonton Edouard, ich verstehe das«, sage ich sofort.

»Das ist gut. Für die Zwillinge als außergewöhnliche Wesen soll man ihre Beziehung mit den Vorfahren und mit der spirituellen Welt pflegen. Die Vorfahren, die Verstorbenen spielen eine sehr wichtige Rolle in der afrikanischen Kultur. Darum werden viele Rituale für sie veranstaltet. Die verstorbenen Vorfahren gehören bei uns immer zu der Gesellschaft der lebenden Menschen.«

Tonton Edouard verstummt für einen Augenblick.

»Ich erinnere mich gerade an etwas: ein Gedicht, das wir als Schüler gelernt haben. Das ist ein Gedicht von einem sehr berühmten afrikanischen Schriftsteller, Birago Diop. Er sagt: Die Verstorbenen sind nicht tot.«

Mir scheint, dass Tonton Edouard gerade träumt. Er sieht aber glücklich aus. Ganz bestimmt, dieser Mann ist ein besonderer Mensch, sage ich mir. Dann höre ich ihn andächtig ein Gedicht aufsagen, wahrscheinlich ein Gedicht von diesem Schriftsteller.

Ich weiß nicht mehr, wo ich bin. Hier auf der Erde oder fliegen wir gerade in den Himmel? Ich habe Gänsehaut.

»Die Zwillinge sollen auch auf viele Dinge verzichten, zum Beispiel dürfen sie einige Sorten Fleisch nicht essen. Welches Tier? Das kommt auf die jeweilige Tradition des Volkes an. Afrika ist sehr groß«, sagt er.

Jetzt herrscht wieder Schweigen zwischen uns.

»Ihr Zwillingsbruder ist verstorben …«

»Ja, er gehört zu den Vorfahren und lebt in der spirituellen Welt. Natürlich war ein Ritual dafür erforderlich.«

»Wurde so was für ihn gemacht?«

»Ja. Die Schwestern meines Vaters haben ihn damals gezwungen, für mich so etwas zu machen, da sie schon von den anderen Familienangehörigen unter Druck gesetzt wurden.«

»Was wurde genau gemacht?«, frage ich gespannt.

»Wenn ein Zwilling stirbt, wird eine Figur für den Überlebenden hergestellt. Bei einer Zeremonie wird dann der Verstorbene gerufen und ein Reinkarnationsritual, ein Ritual für die Wiederverkörperung, veranstaltet. Die inkarnierte Statue bekommt den Namen des verstorbenen Bruders.«

»Aha? Wurde so was auch für Sie gemacht?«

Tonton Edouard nickt.

»Die Reinkarnation ist, wie auch bei anderen Zivilisationen, ein wichtiger Bestandteil unserer Kultur, unseres Glaubens an Gott«, sagt er leise.

»Haben Sie Ihre Statue noch?«

»Nein«, sagt er lächelnd. »Ich habe alles aufgegeben, seit ich auf dem Gymnasium war. Ich konnte das alles nicht mehr befolgen. Ich habe mit ein paar Geschwistern und Freunden in einer Stadt gelebt. Das war ein neues Leben für mich, ein modernes Leben. Außerdem sind wir nicht mehr so oft in dem Dorf unseres Vaters gewesen. Ich habe mit allem aufgehört …«

Mir scheint, dass Tonton Edouard das bereut.

Wir sitzen irgendwo auf einer Bank, in der Nähe von Jaminas Zuhause. Ich habe noch nichts von meinem Gespräch am vergangenen Sonntag mit Tonton Edouard verraten. Ich habe Jamina gebeten, geduldig zu sein.

»Jamina, ich wusste gar nicht, dass die Zwillinge in Afrika so angesehen werden«, sage ich, bevor ich ihr alles erzähle.

»Die Zwillinge? Was meinst du damit?«, fragt sie überrascht.

Und dann fange ich an, ihr das, was Tonton Edouard mir erzählt hat, weiterzugeben. Wir bleiben danach eine Weile wortlos und reglos sitzen.

»Meine Mutter hat mir so was auch schon mal erzählt«, sagt Jamina.

»Genau so?«

»Nein, nicht so ausführlich.«

Drei

Die afrikanische Religion

Ich stelle fest, dass ich nach und nach viele Aspekte der afrikanischen Kultur verstehe. Ich freue mich sehr darüber. Aber ich frage mich oft, ob die Afrikaner, die hier leben, die ausgewanderten Afrikaner, wirklich so sind. Ich meine, ob sie auch geistig mächtig sind. Legen sie auch einen großen Wert auf die spirituelle Welt? Mein Vater sagt oft, dass er kein spiritueller Mensch ist, aber Tonton Edouard glaubt ihm das nicht. Plötzlich fällt mir was ein. Wieso sind sie eigentlich aus Afrika hierhergekommen? Es sind doch ziemlich viele hier. Was ist eigentlich passiert? Wo ist ihre spirituelle Kraft geblieben? Da bemerke ich schon, dass ich Tonton Edouard wieder viel fragen werde. Ich hoffe, er wird sich auch freuen, mit mir über solche Dinge zu reden.

Jetzt muss ich mich aber auf den Weg zu Tonton Edouard machen. Ich beeile mich ein bisschen, den Kopf gesenkt, schon in meine Gedanken vertieft. Ich laufe. Plötzlich taucht er ein paar Meter vor mir auf, so unvermittelt wie ein Geist! Er sieht ganz anders aus, so wie ich ihn kennengelernt habe, wie er für gewöhnlich zu uns kommt, schön angezogen. Bei sich zu Hause trägt er keine schönen Sachen. Ich bin überrascht. »Hat er heute doch keine

Zeit für mich?«, frage ich mich. Tonton Edouard steht da, regungslos und wartet, dass ich auf ihn zukomme.

»Salut, mein Freund Sékou!«, ruft er.

»Hallo, Tonton Edouard! Äh … haben Sie heute keine Zeit für mich?«

»Doch, Zeit habe ich. Ich dachte mir nur, wir können spazieren gehen und irgendwo draußen sitzen. Das Wetter ist doch so schön. Was hältst du davon?«

»Ja, gut«, sage ich und frage mich, ob wir uns überhaupt unterhalten werden. Ich bin doch so neugierig auf Afrika.

»Ich habe nicht vergessen, dass du mehr über die afrikanische Religion wissen wolltest«, sagt er, als ob er meine innere Stimme gehört oder meine Gedanken gelesen hätte.

»Ja genau!«, antworte ich zufrieden und erleichtert.

Tonton Edouard legt seinen Arm auf meine Schulter. Ich fühle seinen Körper und rieche sein Parfum. Es ist sehr angenehm. Ich bin trotzdem ungeduldig, er aber nicht. Wie kann man sich nur so gut beherrschen? Wir laufen eine Weile ganz stumm. Ich kann das so nicht länger ertragen.

»Tonton Edouard, Sie haben gesagt, dass die afrikanische Religion vielfältig und vielseitig ist wie die Kulturen und die Menschen, und wie der Glaube selbst …«, zögernd erinnere ich ihn daran.

»Ja, das habe ich gesagt. Ich vermute, du willst mehr darüber wissen, nicht wahr?«

»Ja!«, rufe ich fröhlich.

Wir laufen noch eine Weile. Tonton Edouard redet nicht mehr. Was geht in seinem Kopf vor sich?

»Was ist überhaupt eine Religion?«, fragt er.

Ich weiß nicht recht. Ich verstehe nicht, ob er mich das fragt oder sich selbst. Ich versuche, mich daran zu erinnern, was wir in der Schule gelernt haben und was er mir bereits gesagt hat.

»Eine Religion ist eine Geisteshaltung, die durch den Glauben an eine überirdische Existenz bestimmt ist, laut vielen Wörterbüchern«, antwortet er selbst ganz ruhig.

»Ja, so haben wir das auch irgendwie in der Schule bezeichnet, aber ...«

»Genau das ist die Verbindung zu Gott.«

»Ja, das haben Sie gesagt.«

Tonton Edouard nickt strahlend.

»Die Religion ist auch eine Bezeichnung für eine Gruppe von Menschen, die durch bestimmte Bräuche und Zeremonien ihren Glauben an eine höhere Existenz bekundet. Das steht auch im Wörterbuch«, fügt er hinzu.

»Ja, von Bräuchen und Zeremonien haben wir auch in der Schule gesprochen.«

»Gut«, nickt er zufrieden. »Das ist der Hauptunterschied zwischen Religionen: die Zeremonien und Rituale der Völker. Jeder hat seine Art und Weise, sich mit Gott in Verbindung zu setzen.«

Tonton Edouard klopft mir auf die Schulter.

»Ich verstehe nicht, warum oft behauptet wird, dass

unsere Art und Weise des Glaubens an Gott keine Religion ist«, sagt er stirnrunzelnd. »Manche Philosophen haben deutlich und sehr bestimmt gesagt, dass es bei uns keine Religion, keine Vorstellung von Gott gibt. Sie denken, sie haben immer recht, weil sie – zufällig – zu einem mächtigen Land gehören.«

Diese Aussage macht mich ein bisschen traurig. Solche Vorurteile höre ich oft.

»Wie werden Zeremonien und Rituale denn bei Ihnen durchgeführt?«, frage ich, da ich schon einiges darüber gehört habe.

»Gute Frage!«, ruft Tonton Edouard begeistert. »Wie ich schon betont habe, gibt es immer einen Grund für das, was man unternimmt, einen Grund aus der eigenen Einstellung heraus. Leider ist es für diejenigen, die nicht zu unserer Zivilisation gehören, schwierig, das zu verstehen und zu akzeptieren. Von Afrika wird oft negativ und unvollständig geredet, obwohl unser Kontinent die Wiege der Menschheit ist: die Wiege! Alles hat in Afrika angefangen … vor Tausenden und Abertausenden von Jahren vor Jesus Christus. Wusstest du das?«

»Ja, das habe ich schon mal gehört. Aber warum wird denn überhaupt so über Afrika, die Wiege der Menschheit, geredet?«

Tonton Edouard schüttelt gedankenverloren den Kopf und lächelt dann. Wir laufen weiter, ziellos, habe ich das Gefühl.

»Doch, das ist eine wirklich gute Frage!«, wiederholt er. »Wie kann es sein, dass von Gott erschaffene Menschen keine Ahnung, keine Vorstellung von Gott selbst haben? Es wäre ungerecht, wenn alle Völker eine Religion haben, außer den Schwarzafrikanern. Das wäre einfach rassistisch.«

»Das wäre wirklich seltsam«, denke ich bei mir.

Tonton Edouard summt leise eine Melodie.

»Lass mich dir von jemandem erzählen: Als ich meine leibliche Mutter kennenlernte, war ich gerade im Gymnasium …«

»Erst im Gymnasium haben Sie Ihre Mutter zum ersten Mal gesehen?«, unterbreche ich ihn erstaunt.

»Nein, ich meine, als ich sie *wirklich* kennengelernt habe. Es war in den großen Ferien, im Sommer, da war ich bei ihr, in ihrem Gebiet. Meine Mutter hatte mir einen alten Mann, der im Dorf wohnte, vorgestellt. Später wurde ich von ihm eingeladen. Er hat mir in kurzer Zeit vieles erzählt. Er war ein weiser Mann. Er hat sich darüber gefreut, dass meine Mutter schon so ein großes Kind hatte wie mich. Er wusste das vorher gar nicht. So wollte er mir dringend viele Tatsachen unserer Gesellschaft, unserer Tradition beibringen. Er hat mir vom Leben, von der Welt, von Gott erzählt. Unfassbar! Dieser Mann konnte nicht lesen. Er hat nie eine Schule besucht. Er hatte nie einen weißen Menschen getroffen. Aber sein Wissen war unfassbar groß! Ich hatte gehört, dass ohne ihn keine wichtige oder schwierige gesellschaftliche Angelegenheit im Dorf zufriedenstellend geregelt werden konnte. Er war eine Bibliothek, wie dieser sehr berühmte afrikanische Schriftsteller Amadou Hampâté Bâ das gesagt hatte. Für mich war es eine große Ehre, von ihm eingeladen zu werden.«

Jetzt deutet er auf eine Bank unter einem Baum vor uns.

»Da, lass uns uns hinsetzen! Ich erzähle dir gleich noch etwas darüber, was die Rituale und Zeremonien in unserer Religion bedeuten.«

Mich überkommt ein überglückliches Gefühl. Wir sitzen auf der Bank, im Schatten. Ein leichter Wind weht. Das Wetter ist herrlich. Tonton Edouard seufzt tief. Ich weiß nicht, was mit ihm los ist. Ist es ihm peinlich, oder ist es so schwierig, mir von der Religion in Afrika zu erzählen, oder was?

»Voilà!«, ruft er. »Sékou, bei uns in Afrika spielt der Vermittler eine sehr große Rolle. Wenn etwas passiert ist, dann braucht man einen Vermittler. Eine Handlung, wie beispielsweise eine Bitte, wird nur durch einen Vermittler durchgeführt. Der Vermittler ist jemand, der zuständig ist, diese Bitte vorzutragen. Man geht nicht einfach so auf denjenigen zu, den man etwas Besonderes fragen will, nein. Nur so – mit einem Vermittler – wird eine Handlung mit dem nötigen Respekt vollzogen. Ja, Respekt, darum geht es in erster Linie bei jeder Begegnung!«

Jetzt frage ich mich, welche Aufgabe ein Vermittler bei einem Ritual hat.

»In der Religion ist der Vermittler eine sogenannte ›eingeweihte‹ Person«, fährt er fort.

Mir ist das aber noch nicht klar. Was meint er damit?

»Ist der Vermittler noch eine andere Person als das Medium?«, muss ich ihn fragen.

Tonton Edouard zwingt sich zu einem Lächeln.

»Er kann beides sein. Aber eine religiöse Veranstaltung ist ein besonderes Ereignis. Verstehst du?«

»Ja«, sage ich kopfnickend.

»Gut. Der Vermittler ist wie ein Priester oder ein Pastor in der Kirche. Er muss sich also mit den religiösen Dingen gut auskennen. Selbstverständlich muss er schon vieles geleistet haben! Der Vermittler muss ein spiritueller Meister sein, damit er ...«

»Damit er die Wünsche und die Bitten der Menschen an den Allmächtigen weitergeben kann?«, unterbreche ich ihn ungeduldig.

»Ja genau, Sékou!«, sagt er zufrieden.

Ich bemerke, dass er stolz auf mich ist. Wie schön!

»Die afrikanische Religion basiert auf der Vorstellung, dass es eine Lebenskraft in jedem Wesen gibt. Und der Geist ist die Kraft, er ist das Leben, das in allem ist«, sagt er nickend und sehr bestimmt.

Danach macht er eine Pause.

»Wie Hampâté Bâ ganz deutlich geäußert hat: Alles ist miteinander verbunden, alles ist lebendig, alles ist voneinander abhängig«, fügt er hinzu.

Wir verstummen einen Augenblick. Tonton Edouard schaut durch die Blätter des Baumes in den Himmel.

»Es muss was für Gott, den Allmächtigen, den Schöpfer gemacht werden …«, sagt er.

»Was kann das sein?«, frage ich etwas überrascht, da ich verstanden hatte, dass wir – er und ich – das machen sollen.

Tonton Edouard räuspert sich. Er sieht sich irgendwie verträumt um. Komisch.

»Es muss etwas für Gott, unseren Schöpfer, gemacht werden …«, wiederholt er. »Es muss ein Fest für Gott veranstaltet werden. Ein Fest, bei dem die Menschen ihm ihre Dankbarkeit zeigen. So wird es gefeiert … Eine fröhliche Feier, aber auch eine geistige, eine heilige Feier! Bei dieser besonderen, heiligen Veranstaltung wird gebetet. Dabei setzen sich die Menschen in Verbindung mit den Vorfahren und mit Gott. Die Menschen flehen Gott an, ihnen auf der Erde zu helfen. Die Menschen erweisen ihm Ehre. Rituale und Tänze haben dabei eine sehr wichtige Bedeutung. Darum dürfen nur Eingeweihte daran teilnehmen.«

Tonton Edouard schweigt.

»Hast du schon mal so einen Tanz im Fernsehen gesehen?«, fragt er mich.

»Äh … nein«, sage ich stotternd.

»Nein? Das musst du dir ansehen!«, sagt er mit einem freundlichen Gesicht.

Ich sage kein Wort. Ich male mir nur aus, wie das aussehen könnte.

»Diese Art von Tanz ist eine ganz besondere Form der Kommunikation mit Gott. Es wird zwar nicht geredet, jedoch werden die Wünsche und Anliegen durch den Körper vermittelt. Und die Musik, die heilige Musik begleitet alles. Tanzen, singen und das Tragen einer Maske währenddessen gehört zu der künstlerischen Weise, mit Gott zu kommunizieren. Der Tanz ist für uns mehr als ein Spiel, er erlaubt uns, mit den anderen zusammen zu sein, mit ihnen zu sprechen. Tanzen ist eine Art zu beten.«

Jetzt verstehe ich langsam, warum der Tanz bei den Afrikanern so wichtig ist.

»Ich erinnere mich gerade an solche Veranstaltungen, die ich besucht habe, als ich noch klein war. Wie schön war das auf dem öffentlichen Platz! Wir alle, Kinder, Jugendliche, Männer und Frauen waren immer so gespannt, das zu sehen!«, sagt er.

Ich bin für einen Moment sprachlos und denke an das, was ich in Westernfilmen schon mal gesehen habe.

»In besonderen Fällen fühlen sich die Menschen verpflichtet, ein Opfer zu bringen", fügt er hinzu.

»Opfer? Wie?«, frage ich etwas erschrocken.

»Ja, ein Opfer. Opfer zu bringen kann eine hohe Bedeutung haben, wie bei vielen anderen Religionen auch. Aber ich bin froh, dass so was heutzutage weniger geschieht.«

»Wie heißt die afrikanische Religion überhaupt?«

»Generell wird sie Animismus genannt, um die Seele zu betonen. Animus kommt vom lateinischen ›Anima‹ und heißt ›die Seele‹. Aber wir kümmern uns nicht um die Begriffe. Vor allem muss man unsere Religion erst gut kennen, um sie zu benennen. Es gibt so viele falsche Vorstellungen von ihr. Meistens wird sie mit ganz anderen Augen betrachtet und leider oft mit Verachtung. Ein Schriftsteller meines Landes, Jean-Marie Adiaffi, hatte unsere Religion – ich meine, die von seinem Volk – ›Bossonismus‹ genannt. ›Bosson‹ ist ein Wort seiner Sprache und bezeichnet die sogenannten geistigen Menschen, die Priesterinnen, die von der Gesellschaft für ein Medium gehalten werden. Sie spielen eine sehr wichtige Rolle. ›Priesterinnen‹ heißt in seiner Sprache übrigens ›Komianh‹.«

Beim Zuhören muss ich unwillkürlich nicken. Tonton Edouard gibt mir einen Klaps auf den Rücken.

»*Allez* Sékou, so ist es! Jeder nach seiner Art!«

Und wir lächeln uns an wie gute Freunde.

Ich laufe schnell nach Hause, da wir Jaminas Familie besuchen sollen. Die kleine Schwester von Jamina wurde heute getauft; bei ihr zu Hause wird es eine große Feier geben. Unsere Familie ist auch eingeladen. Der Vater von Jamina ist zu uns nach Hause gekommen, um uns mit seinem großen Auto abzuholen. Ich habe die Kindheitsgeschichte von Tonton Edouard frisch im Kopf und freue mich schon, sie Jamina zu erzählen.

Das Haus ist voller Menschen, die prächtig angezogen sind. So ist es oft bei einer Feier bei uns. Es riecht köstlich.

Musik ist auch dabei, selbstverständlich. Ich erinnere mich gerade daran, was Tonton Edouard mir darüber verraten hat. Ich gucke die Leute an. Meine Gedanken sind woanders. Jetzt bemerke ich, dass einige Leute mich beobachten. Plötzlich steht diejenige, die ich suche, vor mir.

»Hey! Hallo, wie geht's?«

»Hallo, Jamina! Mir geht es gut.«

Sie guckt mich unverwandt an, als ob sie etwas von mir erwartet. Ich weiß es.

»Hast du heute auch deinen … Tonton Edouard getroffen?«

Ich schweige absichtlich einen Augenblick. Ich bemerke, dass sie vor Ungeduld kocht.

»Hast du dich heute mit Tonton Edouard getroffen, Sékou?«

»Ja, habe ich.«

»Und?«, fragt sie gespannt.

»Er hat mir von der afrikanischen Religion erzählt.«

»Aha! Das macht mich neugierig …«

»Denkst du, wir können uns hier unterhalten? Es ist so laut und …«

»Ja, das ist halt eine Feier! Wir können in mein Zimmer gehen.«

»Okay, wenn du willst. Sonst können wir uns auch einfach morgen treffen.«

»Ich will aber unbedingt heute schon etwas davon hören.«

Jamina gibt mir ein Zeichen und geht schnell in die

Küche. Es dauert nicht lange. Als sie zurückkommt, gehen wir in ihr Zimmer. Auf dem Weg dorthin fange ich schon an, ihr die Geschichte weiterzugeben, alles, was Tonton Edouard mir erzählt hat …

»Hat dir deine Mutter von so was auch schon erzählt?«, frage ich sie.

»Nö«, macht sie nachdenklich, »leider darf ich nicht auch mit dir zu deinem Meister gehen.« Sie klingt traurig.

Jemand ruft ihren Namen. Sie steht auf einmal auf und beeilt sich, ins Wohnzimmer zu gehen, wo alle anderen sind. Ich bleibe da, gedankenverloren, gleichgültig gegenüber dem, was gerade abläuft.

Vier

Ein modernes Leben in Afrika

Am kommenden Sonntag werde ich Tonton Edouard nicht treffen. Er habe keine Zeit, hat er durch meinen Vater ausrichten lassen. Wahrscheinlich muss er arbeiten. Das Schuljahr geht langsam zu Ende und das Wetter wird schöner und schöner. Jedoch bin ich von meinen Gesprächen mit Tonton Edouard irgendwie gefangen. Ich bin neugierig, wie er in der Stadt gelebt hat. Selten ist in meinem Umfeld von dem modernen Leben in Afrika die Rede.

Heute habe ich Jamina wieder nach Hause begleitet, denn sie hat bei mir mit einer Frage etwas in Erinnerung gerufen, worüber ich unbedingt mit ihr reden wollte. Jamina hat sich gefragt, warum die Afrikaner in diesen Zustand geraten sind. Ja, wie konnte das passieren? Wenn ich sehe, wie wir als Ausländer hier leben, als Kinder mit Migrationshintergrund, wie wir heutzutage genannt werden … Die Frage beschäftigt mich auch, aber ich will erst wissen, wie Tonton Edouard ein modernes Leben in Afrika geführt hat, vielleicht auch als Zwilling oder als sogenannter geistiger Junge.

Es ist spätabends und ich mache mich fertig, um ins Bett zu gehen. Gerade in meinen Schlafanzug geschlüpft, höre ich meine Eltern im Wohnzimmer reden. Meine kleine Schwester scheint noch wach zu sein, und mein großer Bruder beschäftigt sich sicher noch mit seinem Smartphone in seinem Zimmer. Ich stelle mir gerade vor, wie er auf dem Rücken liegt und wie verrückt mit beiden Daumen auf den kleinen Bildschirm tippt. Dann denke ich wieder über Jaminas Frage nach. »Doch, ich muss ihn das fragen«, sage ich leise zu mir selbst.

Ich weiß nicht, wie Tonton Edouard es geschafft hat, meine Gedanken zu lesen. Kaum sitze ich auf dem Stuhl in seiner Küche, da fragt er mich schon, ob ich etwas auf dem Herzen habe. Ich zögere. Was soll ich ihn denn zuerst fragen? Mir liegt sein Leben in der Stadt am Herzen, obwohl ich die Frage von Jamina auch sehr wichtig finde. Tonton Edouard starrt mich an.

»Und, keine Frage heute?«, sagt er leise.

Jetzt macht er eine komische Bewegung. Ich muss mich konzentrieren, damit ich nicht loslache. Er kann auch wirklich lustig sein. Tonton Edouard starrt mich erneut an, er scheint ungeduldig zu sein.

»Doch, Tonton Edouard. Sie haben auch in der Stadt gelebt, nicht wahr?«

»Ja, mein kleiner Freund Sékou. Interessiert dich das?«

Ich nicke neugierig.

»Ja, dann erzähle ich dir etwas über mein damaliges einsames Leben in der Stadt!«

»Ihr einsames Leben? Sie haben doch viele Geschwister, oder?«

»Doch, viele Geschwister habe ich, aber das war auch … ein aufregendes Leben!«

Meine Neugier ist geweckt; ich bin gespannt.

»Bediene dich«, sagt er und zeigt auf den Tisch. »Warte mal kurz. Ich nehme mir was Erfrischendes, was für Erwachsene!«

Er hebt den Zeigefinger und lächelt. Ich denke, dass es sich bei der hellen Flüssigkeit in seinem Glas um Bier handelt. Gemächlich trinkt er zwei Gläser davon. Ich warte. Gedanklich male ich mir Szenen aus dem Leben in Afrika aus. Leider war ich noch klein, als wir für ein paar Wochen dort hingeflogen sind, sodass ich mich nicht mehr an viel erinnern kann. Tonton Edouard guckt sich um.

»So!«, ruft er.

Dann fängt er an, ganz ruhig zu erzählen.

»Ich war sehr froh, meinen Vater und das Dorf zu verlassen, als ich das Gymnasium in der Stadt besuchen musste. Die Stadt war ungefähr zehn Kilometer vom Dorf entfernt. In den ersten zwei Jahren musste ich bei fremden Familien wohnen und am Wochenende ins Dorf zurückkehren. Im ersten Jahr war ich allein bei einem Bekannten meines Vaters und seiner Frau. Sie hatten keine Kinder. Das war eine schöne Zeit. Sie wohnten in dem Stadtteil, in dem ich das Privatgymnasium besuchte. Es war das erste Mal, dass ich mich richtig frei gefühlt habe. Ich war mehr oder weniger auf mich allein gestellt und musste lernen, selbstständig zu werden. Am Ende dieses Schuljahres lernte ich meine leibliche Mutter kennen. Mein Vater hatte mir ermöglicht, die großen Ferien bei ihr in ihrer Stadt zu verbringen. Danach, also im nächsten Schuljahr, mussten wir – zwei weitere Brüder und ich – bei einer anderen Familie wohnen. Der Ehemann war ein ehemaliger Kollege unseres Vaters. In dieser Familie wohnten auch schon viele andere Schüler aus ihrer Bekanntschaft und ihre eigenen Kinder.«

Ich kann mein Erstaunen nicht unterdrücken.

»So viele Kinder bei einer Familie?«

»Ja. Damals war es schwierig, einen Vormund in der Stadt für die Kinder aus den Dörfern zu finden. Für uns war es dort allerdings auch nicht so angenehm. Ein Schuljahr lang haben wir dann unter nicht so schönen Umständen bei dieser Familie gelebt, um das Gymnasium besuchen zu können.«

Tonton Edouard macht eine Pause.

»Für meinen Vater war das auch unangenehm und schwierig. Er hat sich schließlich überlegt, ein Grundstück zu kaufen, und hat ein kleines Häuschen für uns gebaut. Außerdem ist der älteste Bruder aus der Hauptstadt dazugekommen und der Kleinste hatte erfolgreich seine Grundschulprüfung abgelegt. Er durfte jetzt auch das Gymnasium besuchen.«

»Wie viele Geschwister wart ihr denn jetzt?«

»Vier Brüder. Vier Brüder, die das Gymnasium besuchen sollten.«

Tonton Edouard richtet sich langsam auf und wendet sich zum Kühlschrank. Ich weiß nicht, was er jetzt holen möchte. Eine Ablenkung?

»Das dritte Jahr des Gymnasiums war für mich wirklich hart. Ich musste jeden Tag circa zwei Stunden zu Fuß zur Schule gehen. In der großen Pause am Vormittag musste ich oft in diesem Stadtteil bleiben. Manchmal ging ich zu Freunden. Jedes Geschwisterkind musste selbst mit seinem schmalen Budget zurechtkommen. Ich habe sehr unter dieser Entfernung gelitten, in dieser Hitze, bei oft über dreißig Grad, auf dieser staubigen Straße. Meine Schulergebnisse waren schlecht. Ja, und dann bin ich sitzengeblieben.«

»Ich verstehe«, murmle ich.

Ich kann mir nur schwer vorstellen, wie das für ihn gewesen sein muss. Mein Vater hat mir nie Derartiges erzählt.

»Im nächsten Schuljahr hatte mein Vater für mich in dem Viertel, wo meine Schule war, ein Zimmer gemietet. Ich denke, das war der Vorschlag einer seiner Freunde, der das ungerecht fand, dass ich so weit von meiner Schule entfernt wohnte. Das war gut für mich! Das war die entscheidende Lösung. Dieses Mal war ich wirklich frei. Ich war ganz allein, zwar entfernt von meinen Brüdern, aber ich war froh. Der größte Bruder hatte die mittlere Reife geschafft und musste in die Hauptstadt zurück, wo unser Vater ein Haus hatte. Ich war allein, frei und glücklich. Ich hatte viele Freunde. Ich war oft im Kino, habe mich total für die chinesischen Filme begeistert. Ich habe also viele schöne Dinge zusammen mit Freunden unternommen. Wir hatten eine Breakdance-Tanzgruppe und haben für die Wettbewerbe hart trainiert!«

Tonton Edouard strahlt gerade. Er nimmt sein Glas und trinkt mit Genuss. Wie schön!

»Im folgenden Schuljahr habe ich dann auch erfolgreich die mittlere Reife geschafft!«, sagt er stolz. »Mein kleiner Bruder auch. Für die zweite Stufe des Gymnasiums musste ich wieder in eine andere Stadt gehen, da ich auf dem Gebiet der Sprachen besser war. In dem größten Gymnasium der Stadt konnte man nur wissenschaftliche Fächer lernen. Ich habe mir die Hauptstadt gewünscht und glücklicherweise wurde ich auch dort hingeschickt, wieder auf ein Privatgymnasium. Mein kleiner Bruder wurde auch in die Hauptstadt versetzt, obwohl er gut in wissenschaftlichen Fächern war. Er hatte die Hauptstadt absichtlich gewählt. Er wollte unbedingt dort leben, er träumte – wie alle anderen Jugendlichen damals auch – davon. Das war im Jahr 1986!

Wir haben im Haus unseres Vaters gewohnt. Da wohnten schon drei Cousinen. Das Zusammenleben mit ihnen war nicht einfach. Sie hatten nicht mit uns gerechnet und sich vermutlich deswegen auch nicht über unsere Ankunft gefreut. Wir sind nur sehr selten mit ihnen ins Gespräch gekommen. Aber wir waren wieder frei, selbstständig und übermütig. Ich habe also ein modernes Leben in der

Hauptstadt geführt. Viele Möglichkeiten standen uns zur Verfügung. Als Schüler bekamen wir die Fahrscheine kostenlos vom Staat und durften damit in den zehn Stadtteilen der Hauptstadt die Busse nutzen, auch am Wochenende! Wir bekamen auch ein Stipendium. Ich schloss sehr gute Freundschaften mit anderen Schülern. Wir waren wie Brüder. Manche hatten wohlhabende Eltern. Viele von uns waren von der englischen Sprache begeistert. Wir lebten ohne Hektik und hörten Reggae Musik. Bob Marley war unsere Ikone. Durch seine Musik habe ich besser Englisch gelernt. Wir hatten einen Englischclub in der Schule. Und einmal habe ich es sogar geschafft, der Chairman zu sein, jawohl! Ich war sehr gut in der Schule. Ich habe mein Leben damals in vollen Zügen genossen und habe meine Jugendzeit als eine sehr glückliche Zeit in Erinnerung. In meinem Abiturjahr habe ich mich besonders für Philosophie interessiert. Ich habe viel über Einstellungen von Philosophen wie Platon, Sokrates, Descartes, Pascal, Hobbes, Montesquieu, Hegel, Heidegger, Kant, Karl Marx, Husserl, La Boétie, Spinoza, Nietzsche, Schopenhauer und so weiter gelernt.«

»Aha? Und was sagen sie? Was sind das für Ansichten?«

»Jeder hat seine eigene Einstellung zum Leben, zu dem Menschen, zur Gesellschaft und zur Welt«, sagt er mit gesenkter Stimme.

Tonton Edouard verzieht plötzlich sorgenvoll das Gesicht. Was ist denn jetzt mit ihm los?

»In meinem Abiturjahr ist etwas sehr Schlimmes in unserem Land passiert. Das war im Jahr 1990 …«

»Was denn?«, muss ich sofort fragen, mit pochendem Herzen. »Krieg?«

»Nein, Sékou. Das war eine Revolution von Studenten in der Hauptstadt … So was hatten wir bis dahin noch nie erlebt! Die Studenten hatten die Nase voll von der Regierung. Sie wollten nicht mehr von unserem Präsidenten regiert werden, auch nicht mehr zu der einzigen politischen Partei gehören, denn damals gab es nur eine. Tausende und Abertausende von Jugendlichen und Studenten gingen auf die Straße. Sie verlangten ein besseres Leben. Wir konnten nicht mehr in die Schule gehen. Jeden Tag wurden Autos und Busse angezündet. Das war Chaos und Horror! Die Regierung musste schließlich die Schulen und die Universität schließen. Alle wurden nach Hause geschickt. Ich hatte auch einen Bruder an der Uni, er musste wie die anderen sein Zimmer im Studentenwohnheim verlassen. Er war so betroffen davon!

Inzwischen war unser Vater an einen anderen Ort versetzt worden, in eine schöne, kleine Stadt, nicht weit von der Hauptstadt entfernt. Er war aber oft krank. Bei ihm habe ich dann ein halbes Jahr gelebt, bis wir wieder in die Schule gehen durften. Am Ende desselben Jahres habe ich trotzdem das Abitur geschafft, mein kleiner Bruder übrigens auch. Unser Vater war stolz auf uns.«

Ich nicke langsam.

»Inzwischen wurde das Mehrparteiensystem im Land eingeführt. Und seitdem gibt es viele politische Parteien. Das Gleiche geschah auch in anderen afrikanischen Ländern: eine Revolution für das Mehrparteiensystem! Und kurz danach habe ich mit dem Studium an der Uni angefangen. Die Studenten hatten mittlerweile ihre eigene Gewerkschaft gegründet. Und seitdem herrschte ihre Macht auf dem Campus. Mein Vater starb, als ich im ersten Jahr an der Uni war. Zwei Jahre später starb dann auch meine Mutter. Die Studentenanführer wurden von der Polizei gejagt und der Oppositionsparteichef wurde bei einer Demonstration gefangengenommen und ins Gefängnis gebracht. Ich war auch bei dieser Demonstration dabei … Viele Studentenanführer mussten damals das Land verlassen, um ihr Leben zu retten.«

Tonton Edouard schweigt und lächelt traurig.

»So, das war grob mein Leben als junger Mann in der Stadt.«

»Spannend«, sage ich kopfnickend.

Eigentlich will ich noch mehr wissen, zum Beispiel, wie er hierhergekommen ist. In diesem Augenblick stelle ich fest, dass es schon spät wird. Ich werde unruhig.

»Du musst nach Hause, oder?«

»Ja.«

»Dann sehen wir uns das nächste Mal, ja?«

»Ja, Tonton Edouard, danke.«

Ich hole meine Jacke und verabschiede mich von ihm.

Tonton Edouard steht da, reglos, dann winkt er. Bloß kann ich mich nicht vom Fleck bewegen. Merkwürdig. Ich stehe wie angewurzelt da, wortlos. Was ist denn nur los mit mir?

»Alles in Ordnung?«, fragt mich Tonton Edouard ein bisschen besorgt.

Ich habe seine Frage gehört, aber ich kann kein Wort sprechen.

»Alles klar, Sékou?«, fragt er mich erneut.

»Ja. Ja, Tonton Edouard«, antworte ich stotternd und zittere leicht dabei.

Tonton Edouard sieht mir ganz fest in die Augen. Wir bleiben einen Augenblick still.

»Willst du mir was erzählen?«, fragt er. »Oder möchtest du mich noch etwas Bestimmtes fragen?«

»Nein«, sage ich verlegen.

»Doch, na los, komm! Erzähl es mir!«, ermutigt er mich mit einem Lächeln.

»Nein, also eigentlich wollte ich auch wissen, warum die Afrikaner es nicht schaffen, in vielen Ländern zur Ruhe zu kommen, obwohl sie spirituelle Menschen sind, obwohl Afrika die Wiege der Menschheit gewesen ist«, sage ich mutig.

Sein Gesicht strahlt auf einmal. Er räuspert sich und nickt langsam.

»Ich habe meiner Freundin, der Tochter von dem Freund meines Vaters, von unseren Gesprächen erzählt. Sie findet das alles auch sehr interessant. Sie möchte aber wissen, warum so viele Afrikaner in diesen Zustand geraten sind.«

»Das ist eine gute Frage und eine sehr wichtige sogar«, sagt er. »Ich werde darüber nachdenken. Du kannst nächstes Mal mit ihr zusammen kommen, wenn sie will.«

Ich kann kaum glauben, was er da sagt. Ich bedanke mich und schließe die Tür. Schnell laufe ich die Treppe hinunter und öffne schwungvoll die Eingangstür. Die Sonne scheint ein bisschen. Ich habe das Gefühl, Tonton Edouard beobachtet mich oben vom Fenster aus. Nur ein Gefühl. Jetzt denke ich an Jamina. Ich bin überglücklich allein bei dem Gedanken, dass ich endlich die Gründe für die vielfältigen Probleme der Afrikaner erfahren würde. Mir hat die Geschichte von Tonton Edouards Leben in der Stadt sehr gefallen. Ich wusste nicht, dass so was damals auch mit den Studenten und Schülern in Afrika passiert ist. Auch habe ich mir nie vorgestellt, dass sich Tonton Edouard in seiner Jugendzeit so in der Politik seines Landes engagiert hat. Der Kontinent Afrika und seine Menschen sind uns selbst weitgehend unbekannt.

Fünf

Unser Schicksal selbst gestalten

»Echt? Darf ich tatsächlich auch mitkommen?«, fragt mich Jamina aufgeregt.

»Ja, das hat er mir gesagt«, antworte ich, »aber Tonton Edouard hat im Moment keine Zeit.«

»Hast du ihn schon getroffen?«

»Nein, er hat das meinem Vater gesagt. Er braucht ein bisschen Zeit zur Meditation.«

»Zur Meditation?«

»Ja, ich denke, er meditiert viel.«

Jamina verzieht ihr Gesicht. Hat sie jetzt schon Angst?

»Tonton Edouard ist ein Mann, der viel nachdenkt, über alles Mögliche, wie ein Philosoph«, muss ich sie beruhigen.

»Na gut. Auf jeden Fall freue ich mich sehr, dass ich auch zu ihm gehen darf.«

»Ja, weil ich ihm deine Frage gestellt habe.«

»Und was hat er gesagt?«

»Er hat gesagt, dass es eine gute Frage sei und eine sehr wichtige sogar!«

»Ja, wirklich? Das freut mich! Ich bin schon gespannt, was er uns darüber zu erzählen hat.

»Ja, du kannst wirklich stolz auf dich sein, aber warten

wir erst mal ab, was er uns über den Zustand Afrikas, das ja voller spiritueller Menschen ist, erzählen wird.«

»Ja, du hast recht, Sékou.«

Dann steige ich schnell in den Bus ein, der schon wartet. Jamina bleibt stehen und guckt mich an. Wie eine junge, verliebte Frau im Fernsehen.

»Meine Kinder, jetzt ist die Zeit der Enthüllung gekommen«, sagt Tonton Edouard und schweigt einen Augenblick.

Jamina und ich sind bei ihm. Es ist ganz still, als ob wir alle drei gerade meditieren würden. Jamina hat aufgehört, ihren Keks zu knabbern. Ich frage mich, was für eine Enthüllung das sein kann.

»Ja, heutzutage stehen uns viele Dinge zur Verfügung«, fährt er fort. »Wir haben so viel darunter gelitten. Es ist höchste Zeit, dass ihr uns glaubt und euch uns anvertraut.«

Ich verstehe nichts von dem, was er da redet. Jamina auch nicht, denke ich. Ich starre sie an. Sie scheint in Gedanken zu sein.

»Ihr, unsere Kinder und jungen Geschwister, unsere Geschichte kann nur von uns selbst korrekt erzählt werden. Bei jedem Kampf gibt es die Version von dem Sieger und die von dem Besiegten. Wir sind zwar seit Langem besiegt, aber der Kampf geht weiter, immer weiter, solange die Welt sich dreht. Nelson Mandela hat uns das gezeigt: Sein Leben lang hat er für die Freiheit und den Frieden seines Volkes in Südafrika gekämpft. Weil der Sieger nicht für die Ewigkeit Sieger bleiben kann. Seht ihr, wie mächtig China jetzt geworden ist? Früher waren wir in Ägypten die Meister der Welt, doch dann geschahen viele Dinge und wir wurden besiegt, laut unserer Forscher und Wissenschaftler. Ihr, unsere Nachfolger, sollt euch dringend auf unseren erneuten baldigen ›Sieg‹ vorbereiten.«

»Welche Wissenschaftler?«, frage ich.

»Cheikh Anta Diop aus dem Senegal zum Beispiel«, antwortet Tonton Edouard sofort.

Jamina und ich schauen uns mit weit aufgerissenen Augen an. Ausgerechnet in diesem Moment gibt mein Bauch ein lautes Knurren von sich.

»Die meisten afrikanischen Präsidenten haben das leider noch nicht verstanden, trotz allem, was wir erlitten haben: So viele Jahre der Sklaverei, über zweihundert Millionen Menschen wurden dabei deportiert, hundert Jahre Kolonisation, wobei Plünderei und Ausbeutung ausgeübt wurden. Heute herrscht Krieg in den reichen afrikanischen Ländern, mit der Unterstützung der jeweiligen Regierungen, mit dem Ziel, wieder zu plündern. Darum, meine Kinder …«

Wir schweigen schwermütig.

»Was sollen wir konkret dagegen unternehmen?«, traue ich mich schließlich zu fragen.

»Gute Frage, Sékou«, sagt Tonton Edouard.

Jamina schaut mich stolz an. Ich merke, dass sie auch mit

meiner Frage zufrieden ist. Ich freue mich. Tonton Edouard räuspert sich nachdenklich.

»Bei jedem Kampf ist es wichtig, eine gute Organisation und einen Plan zu entwickeln ...«

Ich muss mich umschauen, da mir gerade viele Gedanken durch den Kopf gehen.

»Wahrscheinlich fragt ihr euch, was Afrika überhaupt gegen so mächtige Kontinente wie Europa oder Amerika machen kann, nicht wahr?«

Jamina und ich sagen kein Wort. Wir sehen ihn nur ernsthaft an.

»Eine gute Organisation benötigt Menschen – ich meine, engagierte, schlaue Leute –, Mittel und Strategie und Plan. Für eine gute Organisation ist Disziplin notwendig.«

Wir verstummen alle wieder für einen Augenblick.

»Aber bevor ihr eine gute Organisation schaffen könnt, ist es erforderlich, euch zu einigen, solidarisch miteinander zu sein. Das ist die Lösung. Viele unserer guten Anführer haben damals einen Panafrikanismus, das heißt eine kontinentale staatliche Einigung, gepredigt. Der Berühmteste von ihnen hieß Kwame Nkrumah, Präsident von Ghana zu dieser Zeit ... Leider haben die anderen Präsidenten ihm kein Gehör geschenkt. Die Frage lautet: Wie können wir heute zu einer echten Einigung und Solidarität kommen?«

Ich stelle fest, dass ich meinen Kopf unwillkürlich bewege. Die Stimmung ist jetzt angespannt.

»Alle anderen machen das, alle mächtigen Verschwörer

einigen sich, außer wir … Wir müssen uns gut miteinander verstehen und uns vor allem rechtzeitig auf Angriffe vorbereiten. Wir haben alles. Gott hat uns alles gegeben: Unser Kontinent Afrika ist reich! Wir sind reich. Wir sind nur besiegt, weil wir diese Art von Angriffen nicht erwartet haben. Die Sieger haben mit uns gemacht, was sie wollten, seit Hunderten und Aberhunderten von Jahren, aber wir haben das überwunden. Wir sind stark! Ein spiritueller Mensch ist stark, deswegen werden wir bald wieder die Meister der Welt sein. Natürlich nicht mit Waffen, vielmehr werden wir überall auf der Welt Spuren hinterlassen. Wir werden das schaffen. Dafür haben wir jetzt Menschen. Wir sind da! Wir müssen jedoch ernsthaft die harte Arbeit angehen, damit wir gut vorbereitet sind. Es gibt keine Gnade. Es gibt kein Mitleid, keine Freundschaft unter den Ländern. Das müsst ihr immer im Kopf haben! Der berühmte ehemalige französische Staatsmann de Gaulle hat schon ausdrücklich darauf hingewiesen. Wir sind verpflichtet, auch mächtig zu sein, wenn wir von den anderen mit Respekt behandelt werden wollen. Wir haben keine Wahl!«

Jetzt verspüre ich ein starkes Gefühl im Rücken. Ich fühle mich irgendwie ermutigt und stark!

»Die Welt, das Leben auf der Erde, ist wie es ist. Wir dürfen uns nicht ablenken lassen. Wir müssen nur an uns glauben. Es muss nicht mehr so weitergehen«, sagt er sanft.

Fast kommen mir bei dieser Erklärung die Tränen. Auf

jeden Fall sind meine Augen feucht. Ich will die von Jamina angucken. Aber ich traue mich nicht, mich umzudrehen.

»Die anderen Länder sind gut organisiert und haben immer einen Plan, sie haben Menschen – engagierte, schlaue Leute –, Mittel und Strategien zu ihrem Zweck und zu ihrer Absicht. Sie sind mächtig, ihre Macht entsteht grundsätzlich aus ihren technologischen Erfindungen, und sie denken immer wieder an neue Strategien, um die anderen zu erobern, zu manipulieren, zu besiegen, unter Abhängigkeit zu stellen. Darum hat man in vielen Ländern dieses Bild von Afrika, darum scheinen viele afrikanische Präsidenten so dumm zu sein, das muss ich ganz klar so sagen!«

Tonton Edouard stockt.

»Sie sind eigentlich Naivlinge, weil sie die anderen aus den mächtigen Ländern gar nicht kennen, daher können sie ihre Strategien nicht nachvollziehen.«

»Strategien? Welche Strategien?«, fragt Jamina mutig.

Ich bin froh darüber, dass sie ihm diese Frage stellt. Ich kann kaum auf seine Antwort warten. Ich bin aufgeregt. Aber Tonton Edouard lächelt sanft.

»Es gibt viele!«, sagt er. »Es gibt viele Strategien, meine Kinder. Vor allem zielt alles auf eine Eroberung und Destabilisierung, auf Plündern und Ausbeutung der reichen afrikanischen Länder ab, wie ich euch schon erklärt habe. Kriege in Afrika, aber auch in anderen reichen Ländern sind kein Zufall! Die Wahrheit ist, dass Politiker der mächtigen Länder ihre Waffen verkaufen wollen. Kriege verhindern Entwicklung, statt sie zu fördern. Sie erzeugen nur Flüchtlinge. Junge Leute voller Kräfte und Fähigkeiten müssen aus ihren schönen Ländern fliehen und sind aufs Betteln angewiesen, um zu überleben …«

Fast wäre mir ein »Oh!« herausgerutscht, unwillkürlich. Jedoch hat er auf die Frage von Jamina nicht geantwortet, stelle ich fest. Nach einem längeren Schweigen fällt es Tonton Edouard schwer, fortzufahren. Die Stimmung ist jetzt noch angespannter.

»Es gibt viele Strategien«, wiederholt er, »um das Leben der armen Leute, der Besiegten, unter Kontrolle zu halten. Oft unterstützen Politiker der mächtigen Länder Diktatoren, mit denen sie Geschäfte machen. Heutzutage unterstützen sie zum Beispiel Rebellen oder Dummköpfe, damit sie an die Macht kommen können, immer mit der faulen Ausrede, Demokratie in diesen Ländern zu ermöglichen. Viele Menschen ihrer eigenen Länder wissen das leider nicht. Es geht wenig darum, der Bevölkerung der sogenannten armen Länder zu helfen. Das ist vielen Leuten hier nicht bewusst, sie glauben wie besessen nur an das, was ihre Medien verkünden. Viele junge Afrikaner träumen davon, aus ihrer Heimat zu fliehen und hierher nach Europa zu kommen, weil sie eine solche Situation nicht länger akzeptieren wollen. Viele von denen, die schon hier sind, werden nicht in ihre Heimat zurückkehren, solange dort Unruhe herrscht, die von den mächtigen und sogenannten reichen Ländern angeheizt wird.«

Tonton Edouard schweigt wieder.

»Die Medien sind wunderbare Mittel für ihre Zwecke«, sagt er leise. »Kluge, gute Anführer in Afrika werden oft eingeschüchtert, verfolgt, ohne Grund verhaftet, sogar beseitigt wenn nötig. Es ist natürlich besser, einen dummen Partner zu haben, oder nicht? Seht ihr, sie sind nur ihre Untertanen, keine Partner. Menschen in vielen Ländern Afrikas leiden und sterben, damit es auch Leuten in diesen mächtigen Ländern besser geht. Darum sollt ihr bei jeglicher Zusammenarbeit oder angebotenen Hilfe aufpassen und sehr vorsichtig sein!«

Jamina und ich sehen uns erschrocken an. »In welcher Welt sind wir denn, wenn das stimmt?«, muss ich mich fragen. Mein Herz klopft heftig. Hoffentlich werde ich nicht in Ohnmacht fallen. Wieder werden meine Augen feucht. Ich befürchte, dass Jamina gleich in Tränen ausbricht. Ich muss sie anschauen.

»Wie kann man sich denn für so dumm verkaufen?«, frage ich ihn direkt und fast empört.

Jamina guckt mich verblüfft an. Aber sie ist froh, das bemerke ich. Auch Tonton Edouard strahlt zufrieden.

»Das ist die entscheidende Frage«, sagt er. »Eine andere Strategie ist noch, die Menschen gegeneinander aufzubringen, weil es nicht leicht ist, es zusammen mit ›dummen Schafen‹ vernünftig und erfolgreich zu einem guten und lebenswerten Zweck zu bringen. Außerdem werden diese Dummen schwer unterstützt. Viele gute und kluge Anführer wurden in der Vergangenheit, auch mit der Zustimmung der dummen und folgsamen Chefs, ermordet. Ich denke gerade an Thomas Sankara aus Burkina Faso, an Patrice Lumumba aus dem Kongo; es gibt viele … Heutzutage sieht die Strategie so aus, diese guten, klugen Anführer zu verurteilen, Lügen über sie zu verbreiten, wenn sie sich nicht folgsam verkaufen. Das ist traurig.«

»Ja, das ist traurig«, stimmt Jamina zu.

Jetzt erinnere ich mich an das, worüber sich mein Vater oft mit seinen Freunden unterhält. Jetzt verstehe ich, warum viele von ihnen so aufgeregt miteinander diskutieren. Diese Tatsachen sind wirklich traurig und empörend.

»Gute, kluge Afrikaner sind in vielen Ländern Afrikas oft unerwünscht, sie werden an den Rand der Gesellschaft gedrängt oder ignoriert, und das passiert hier aber auch. Dumme, erfolgreiche Chefs hassen gute, kluge Menschen.«

»Warum sagen Sie immer gute, kluge Menschen?«, frage ich.

»Gibt es denn auch schlechte, kluge Menschen?«, fügt Jamina hastig hinzu.

Tonton Edouard steht auf.

»Ja, sie sind von ihrer eigenen Klugheit besessen«, sagt er kopfnickend. »Ich erzähle euch nächstes Mal weiter, wie die Menschen in der Gesellschaft sind.«

»Darf ich auch wiederkommen?«, fragt Jamina.

»Selbstverständlich, Jamina! Wenn du Zeit hast, darfst

du gerne wiederkommen«, antwortet Tonton Edouard ganz förmlich.

»Danke, Tonton Edouard«, sagt Jamina erleichtert.

Mir fällt etwas ein – das muss ich sofort Tonton Edouard fragen, um mich zu beschwichtigen.

»Entschuldigen Sie, Tonton Edouard, darf ich Ihnen eine letzte Frage stellen?«

»Selbstverständlich, Sékou!«, antwortet er.

»Wieso wird so negativ von Afrika und seinen Menschen gesprochen? Warum werden sie nicht in Ruhe gelassen?«

Tonton Edouard setzt sich ganz langsam. Er nimmt eine ernste Haltung ein.

»Das ist eine sehr gute Frage, Sékou«, sagt er. »Meiner Meinung nach ist es die Furcht …«

»Die Furcht?«, fragt Jamina überrascht. »Wovor?«

»Ja, die Furcht. Die Furcht, dass wir Afrikaner eines Tages genauso mächtig sind wie sie, dass sie unseren Reichtum nicht mehr plündern können, dass wir ihre Hilfe nicht mehr brauchen, dass wir wirklich unabhängig sind.«

Für einen Moment herrscht Stille.

»Das ist die Furcht, meiner Meinung nach. Die Furcht führt zur Gewalttätigkeit«, sagt er schließlich ganz leise und sieht mich fest an. »Aber auch die Eifersucht!«

»Eifersucht? Wie meinen Sie das?«, frage ich mit Nachdruck.

»Die Eifersucht, dass wir von Gott so verwöhnt sind, dass uns fast alles zur Verfügung steht. Darum müssen wir mit unserem Reichtum vernünftiger und schlauer umgehen! Darum müssen wir unser Schicksal selbst beeinflussen und gestalten. Jetzt müsst ihr aber schnell nach Hause. Eure Eltern machen sich sonst Sorgen.«

Tonton Edouard zieht eine Augenbraue hoch und zwinkert.

Sechs

Die Menschen unserer heutigen Gesellschaft …

Wir haben fast kein Wort miteinander geredet, nachdem Jamina und ich uns von Tonton Edouard verabschiedet haben. Wir waren wie verhext. Ich weiß nicht, warum. Ich habe mich nicht getraut, Jamina zu fragen, was sie über meinen spirituellen Meister denkt – ja, so würde ich Tonton Edouard inzwischen für mich bezeichnen – und überhaupt, was sie von dem Unterricht hält. Ja, das ist schon so etwas wie Unterricht, oder nicht? Wir sind rasch nach Hause gegangen. Aber Jamina hat sich sehr darüber gefreut, wiederkommen zu dürfen, so kann ich wohl davon ausgehen, dass sie den Unterricht doch gemocht hat. Zumindest glaube ich das. Ich denke, ihre Absicht ist nicht nur zu erfahren, was Tonton Edouard uns versprochen hat. Das Thema klingt spannend: wie die Menschen in unserer Gesellschaft sind. Oh ja, ich bin schon aufgeregt.

Ich sitze in meinem Zimmer und wart darauf, dass Jamina an unsere Wohnungstür klopft. Mein Herz pocht laut. Ich habe Angst, dass sie nicht mehr mitkommen kann. Ich will nicht allein zu Tonton Edouard gehen. Ihre Nähe bei dem letzten Treffen hat mir sehr gutgetan. Zusammen ist es doch viel besser! Und ich muss wieder an unsere Fragen denken: Gute oder schlechte kluge Menschen, in beiden Fällen ist man doch schon klug, nicht wahr? Mal sehen.

Gerade klingelt mein Handy. Nein, das ist nur eine Nachricht. Selbstverständlich muss ich sofort nachsehen, wer mir geschrieben hat. Ich denke sogleich an Jamina. In diesem Moment kann es nur sie sein. Außerdem habe ich nicht viele Freunde. Doch, sie ist es tatsächlich, da sehe ich es gerade. Ich mache mir ein bisschen Sorgen. Kann oder will sie nicht mehr mitkommen? Doch, Jamina ist schon da! Sie steht vor der Tür, und ich soll schnell kommen. Wunderbar!

Ich rufe meine Mutter und sage ihr, dass ich für eine Weile mit Jamina weggehe. »Okay«, sagt sie. Das finde ich prima an Mama. Sie ist unkompliziert mit solchen Dingen, insbesondere wenn ich mit Jamina etwas unternehmen will. Sicher hätte Papa mir an ihrer Stelle viele Fragen gestellt.

Jamina steht wie erwartet vor der Tür, allerdings mit blassem Gesicht, so, als ob sie gerade schlechte Nachrichten bekommen hätte. Ich sage nichts. Ich vermute, dass sie einfach aufgeregt ist.

»Hi, gehen wir?«, sage ich zu ihr.

»Hi, Sékou. Ja, lass uns gehen.«

Und wir laufen ruhig und wortlos nebeneinander her. Es kommt mir vor, als würden wir zu einem hellseherischen Priester gehen. Beim Laufen schauen wir gern die Autos im Verkehr an. Wir betrachten aufmerksam jeden uns entgegenkommenden Menschen. Ein putziger kleiner Hund, den eine alte Dame an der Leine hält, kommt schnüffelnd auf Jamina zu und lässt sich von ihr streicheln. Er schafft zwischen uns eine behagliche Stimmung. Ich wusste nicht, dass Jamina Hunde so sehr mag. Ich finde es irgendwie rührend. Nach ein paar Minuten erreichen wir das Haus, in dem Tonton Edouard wohnt. In dem Augenblick hören wir auch schon eine raue, freundliche Stimme von oben rufen.

»Hallo, ich mache euch gleich die Tür auf!«

Der Türöffner summt, wir betreten das Gebäude und steigen vorsichtig die Treppen hinauf.

Tonton Edouard empfängt uns mit Fragen über unsere Familien: Wie es unseren Eltern geht, ob alle gesund sind. Aber auch, ob die Schule uns wirklich Spaß macht. »Doch«, antworte ich. Da strahlt er überglücklich. Wie schön! Ich fühle mich wohl. Ich denke, Jamina auch. Wir entspannen uns vergnügt eine Weile, bevor er anfängt, uns etwas Ernsthaftes zu erzählen.

»Oh je, unsere Gesellschaft, unsere Welt!«, ruft er fröhlich.

Jamina und ich richten uns auf. Unwillkürlich muss ich die Stirn runzeln. Tonton Edouard bemerkt sogleich unseren angespannten Zustand.

»Keine Sorge, meine Kinder«, sagt er gemächlich, mit einem Lächeln. »Es gibt auch lustige Menschen in der Gesellschaft.«

Jamina und ich sehen uns an. Ich mache ein mürrisches Gesicht.

»Habt ihr mir heute was zu erzählen, ja? Ich bin gespannt. Ich liebe Geschichten«, sagt er amüsiert und starrt uns fast ungeduldig an. »Nein? Dann erzähle ich euch eine!«

Ganz ehrlich, ich verstehe nichts mehr. Ich bin verwirrt. Ich befürchte, dass Jamina keine Lust mehr hat, dabei zu sein. Wobei es eigentlich nicht schlimm ist, Tonton Edouard ist einfach guter Laune. So was haben wir nur nicht erwartet. Eine Geschichte? Worüber denn? Bestimmt stellt sich Jamina diese Frage auch. Ihr ratloses Gesicht verrät mir das. Tonton Edouard nimmt eine würdevolle Haltung ein und fängt an zu reden, bedächtig, als würde er ein Märchen erzählen.

»In der einzigen Gesellschaft der Welt lebten die Menschen friedlich miteinander. Dem Großteil der Bevölkerung war es auf jeden Fall sehr wichtig, friedlich und in Einklang zusammenzuleben. Manche von ihnen gaben sich als Aufgabe, Dinge zu erfinden und herzustellen. Und andere hatten die Aufgabe, zu überlegen, wie sie auch künftig und möglicherweise noch besser in der Gesellschaft friedlich miteinander leben könnten. Die Masse, die Bevölkerung verließ sich auf sie. Diese Beauftragten arbeiteten Tag und Nacht. Nach und nach wurden viele nützliche Dinge hergestellt, gemeinsame Regeln vereinbart, und das Zusammenleben in der Gesellschaft wurde so unter Kontrolle gebracht. Es herrschte Frieden in der Gesellschaft, wobei die Beauftragten regierten und die Masse sorglos lebte.

Mit der Zeit stellten einige aus der Masse fest, dass sie eigentlich nicht frei waren, da sie sich für jedes Vorhaben, jede Entscheidung mit den Beauftragten absprechen mussten, die im Laufe der Zeit mächtig geworden waren. Eines Tages protestierten die Anführer der Masse, die sogenannten Gesellschaftsführer, und hatten dabei viele aus der Bevölkerung an ihrer Seite. Der Protest der Masse machte den Beauftragten Angst. Sie hatten Angst vor Unruhe. Jetzt mussten sie überlegen, wie sie die Unzufriedenheit in den Griff bekommen konnten. Nach einiger Zeit wurde die Gesellschaft zum Glück wieder ruhig. Im Verborgenen jedoch passierte einiges unter den Gesellschaftsführern. Viele von ihnen wurden bestochen und überredet, um bei der Verschwörung der mächtigen Beauftragten als Diener mitzumachen ...«

Tonton Edouard schweigt. Ich habe das Gefühl, er unterdrückt ein Lächeln, und er guckt uns so an, als würde er etwas von uns erwarten. Eine Frage? Ich richte meinen Blick auf Jamina. Sie sitzt nur da, mit verträumtem Blick.

»Nun«, setzt Tonton Edouard seine Erzählung fort. »Im Laufe der Zeit wurde diese Gesellschaft so unterteilt: Auf der einen Seite die Mächtigen und ihre Diener, auf der anderen Seite die Masse mit ihren Anführern!«

»Meinen Sie damit die schlechten, klugen und guten, klugen Menschen?«, fragt Jamina.

Eine Weile gibt keiner von uns einen Ton von sich.

»Die Guten kämpfen für die Gesellschaft als Erlöser. Sie sind unsere Helden. Die Schlechten haben immer die Absicht, die anderen zu manipulieren, zu beherrschen … Es geht grundsätzlich darum, die Menschen in der Gesellschaft für die eigene Seite zu gewinnen!«, antwortet er ganz ruhig. »Inzwischen geschahen wieder unheimliche und verdeckte Ereignisse in dieser Gesellschaft, bis es keine echte Ruhe und Freiheit mehr gab. Und schließlich bestand die Gesellschaft aus sieben Typen von Menschen. An erster Stelle standen die sehr reichen und mächtigen Menschen, die Herrscher. Diese waren für das Volk nicht mehr zugängig, hatten für sich aber viele Diener und Genies. Dann, an zweiter Stelle, kamen die Machthabenden, die tatsächlich regierten, und zwar überall. In der heutigen Welt könnten das die Präsidenten der mächtigen Länder sein. An dritter Stelle standen die »mächtigen Marionetten«: Sie waren die Chefs der Gesellschaftsviertel, heute würden wir »Länder« sagen. Man kann sie mit den Präsidenten der kleinen oder armen Länder vergleichen. Und dann gab es noch die Söldner: Diese setzten sich zusammen aus Soldaten, Anwälten, Richtern, Ärzten, Journalisten, Politikern, Sängern, Künstlern, Schriftstellern, Lehrern und so weiter. Sie waren dazu verpflichtet, mit ihrer Arbeit die Strategien der Mächtigen zu unterstützen; Strategien, deren Ziel es war, die Gesellschaft zu beherrschen, die Masse zu überwachen und ihr Leben zu bestimmen. An fünfter Stelle standen die Hilfsmeister: die kleinen Chefs. Viele von ihnen waren naiv und dumm. Ihre Aufgabe war es, Befehle auszuführen. Dann folgten die Randfiguren, die Statisten, wie in einem Film oder Theaterstück. Sie hatten die Aufgabe, Ärger und Konflikte in der Gesellschaft zu verursachen, um die Menschen zu verunsichern und mit anderen Problemen abzulenken. Die meisten taten das auch völlig unbekümmert und ohne es zu hinterfragen. Jedoch gab es einige von diesen Statisten, sehr wenige nur, die über die Fähigkeit verfügten, Anführer zu sein und sich für diese Gesellschaft in irgendeiner Weise zu engagieren.«

Tonton Edouard stockt und atmet tief durch.

»Aber ein Engagement braucht Ausdauer und Mut!«, sagt er mit fester Stimme.

Eigentlich möchte ich eine Frage stellen, aber ich weiß nicht, ob es sich lohnt. Er setzt seine Erzählung fort.

»Und schließlich war da die letzte Gruppe von Menschen, die Masse, die einfachen Leute, die sich nur wünschten, friedlich, frei und glücklich leben zu können. Sie waren schon immer die Opfer der Gesellschaft, die Ziele der grausamen Absichten der Mächtigen, sie waren auch Naivlinge und hatten keine Ahnung von dem, was im Hintergrund der Gesellschaft passierte. Ihr Leben hing grundsätzlich von dem Willen der Mächtigen ab. Einige von ihnen waren sich möglicherweise dessen bewusst, was in der Gesellschaft vor sich ging. Nur fehlten ihnen der Mut und der Wille für ein Engagement. Darum müsst ihr euch immer vertrauen und von niemandem, niemals, von irgendeinem Vorurteil stören lassen! Ihr, meine Kinder, könnt wirklich alles erreichen, wonach ihr euch sehnt, denn es gibt immer eine Lösung, es gibt immer einen Weg: Wirklich immer!«

Tonton Edouard erhebt sich; er scheint erleichtert und zufrieden zu sein.

»Das war's!«, sagt er und atmet tief aus.

Ich stehe wie benommen da und frage mich, ob ich seine verrückte Geschichte wirklich verstanden habe.

»Also, Tonton Edouard, es gibt dann, aus Ihrer Sicht, die Herrscher, die Machthabenden, die mächtigen Marionetten, die Söldner, die Hilfsmeister, die Statisten und die einfachen Leute, nicht wahr?«, sage ich zögernd.

Tonton Edouard nickt ruhig, aber Jamina starrt mich verblüfft an.

Sieben

Sich besser einsetzen …

Auf dem Rückweg unterhalte ich mich selbstverständlich mit Jamina über Tonton Edouards Geschichte. Ich konnte es fast nicht abwarten. Kaum sind wir aus dem Haus, fragt mich Jamina auch schon, was ich darüber denke. Das ist eine schwierige Frage. Nachdem ich lange zögere, sagt sie mir schließlich ihre Meinung zuerst, ganz offen. Jamina ist sehr zufrieden mit dieser ungewöhnlichen Geschichte und sogar von ihrer Richtigkeit überzeugt. Sie sagt, sie habe die Botschaft der Geschichte gut verstanden. Aber Jamina war so still vorhin in Tonton Edouards Wohnung; sie sah richtig besorgt aus. Sie ist verwundert, dass ich die Geschichte nicht sofort glauben kann. Ich bin skeptisch und auch schockiert. Noch schockierter bin ich, als ich abends im Fernsehen zufällig eine Sendung über Afrika sehe. Immer das Gleiche! Es gibt nichts anderes zu berichten als über Krankheit, Krieg, Katastrophe, Krise. Es geht mal wieder um Armut und Hilfe, als ob es kein schönes Leben in dieser afrikanischen Welt gäbe. Ist das auch eine Strategie, von der Tonton Edouard geredet hat? Zu welchem Zweck denn? Wenn das stimmt, dann ist es als Afrikaner jetzt meine Aufgabe, das herauszufinden. Davon bin ich überzeugt. Aber wie soll ich das machen?

Gerade bin ich in meinem Zimmer und denke intensiv darüber nach. Meine Gedanken führen mich zu der Zeit zurück, als ich eingeschult werden sollte. Der Kinderarzt hatte bestätigt, dass aus seiner Sicht nichts dagegen sprach. Jedoch wurde meinem Vater von der Lehrerin ernsthaft empfohlen, dass ich noch ein Jahr warten sollte. Meine Eltern hatten sich ihr damals widersetzt, denn sie fanden mich schon reif und bereit für die Schule. Ich war sechs. Bestimmt hätte mich die Wartezeit von einem Jahr sehr traurig gemacht.

Auf dem Rückweg hatte Jamina meine Neugierde geweckt: Tonton Edouard hatte doch Namen von afrikanischen Wissenschaftlern genannt, Namen von klugen afrikanischen Präsidenten erwähnt. Er hatte auch betont, wir seien in der Zeit der Enthüllung angekommen. Was genau meinte er damit? Ein Lächeln breitete sich auf meinem Gesicht aus. Mir ist etwas eingefallen. Ich habe eine Idee! Ich werde im Internet recherchieren. Heutzutage kann man dort doch gut Informationen bekommen.

Nach langen Überlegungen halte ich es für wichtig, mir einen Plan zu machen. Aber womit soll ich anfangen? Ich schaue mich langsam um und verspüre etwas, als ob jemand – ein Engel? – mir etwas zuflüstert und mir rät, mit dem Wissenschaftler Cheikh Anta Diop anzufangen. Heimlich nehme ich den Laptop von meinem Vater. Glücklicherweise hat er mir vor zwei Monaten erlaubt, ihn zu benutzen, aber nur zu vernünftigen Zwecken. Ich schließe mich in meinem Zimmer ein und beschäftige mich in aller Ruhe sorgfältig mit meinen Recherchen. Ich tippe zuerst seinen Namen bei Google ein und entdecke tatsächlich viele Seiten über ihn, auch Videos. Bücher hat er auch geschrieben. Ich bin erstaunt und gleichzeitig beeindruckt. Ich kann kaum meinen Augen und meinen Ohren trauen. Ich stoße auch auf viele Menschen, die sich mit Panafrikanismus beschäftigen. Ich habe Schwierigkeiten, Cheikh Anta Diop deutlich zu verstehen. Bei manchen Sätzen fällt es mir schwer, sie zu begreifen. Danach recherchiere ich die anderen für mich interessanten Personen, die Tonton Edouard erwähnt hat. Spannend! Ich halte inne und denke einen Augenblick darüber nach. Ich brauche einfach mehr Zeit dafür. Ich möchte mich intensiver mit diesen berühmten afrikanischen Wissenschaftlern beschäftigen.

Zwei Wochen sind schon vergangen und ich habe keine gute Gelegenheit gehabt, um mich mit meinen Nachforschungen zu befassen. Ich weiß nicht, wann ich aufhören werde, mir meinen Kopf mit meinen Grübeleien zu zerbrechen. Ich will einfach allein mit meinen Recherchen sein und dabei nicht gestört werden. Ich überlege, ob es nicht gut wäre, irgendwo mit dem Laptop nach draußen zu gehen, vielleicht in den Park. Da fällt mir ein, dass das nicht geht. Die Flatrate ist nur zu Hause möglich, ich könnte mich alternativ nur mit dem Smartphone einloggen. Mein

Vater telefoniert gerade sehr geschäftig. Seine Stimme klingt ernst. Ich kann ihn durch den Türspalt beobachten. Er wirkt sehr aufgeregt. Was ist denn passiert? Wieso ist er so unruhig? Kurz nachdem er aufgelegt hat, teilt er meiner Mutter mit, dass er dringend zu seinem Freund muss. Zu welchem? Ich hoffe nicht zu Tonton Edouard, da ich gerade etwas Ungewöhnliches in seinem Verhalten festgestellt habe. Ich bin ein bisschen besorgt. Bevor er die Tür erreicht, kommt meine Mutter rasch auf ihn zu. »Wo musst du denn so eilig hin?«, höre ich sie ihn mit Sorge in der Stimme fragen. »Zu Owasinbey«, sagt er und geht schnell hinaus, die Tür fällt laut ins Schloss. Er ist weg. Ich sehe meine Mutter an die Wohnzimmertür gelehnt stehen bleiben. Ich beschließe, die Situation zu nutzen und schnappe mir den Laptop. Ich fange an, ein paar Seiten über Cheikh Anta Diop zu lesen. Unglaublich spannend ist das! Ich erfahre, dass die Beziehungen Ägyptens und Griechenlands im Mittelpunkt seiner Beschäftigung standen. Und dass viele Wissenschaftler Griechenlands, wie beispielsweise Pythagoras, in Ägypten waren, um Mathematik zu lernen. Pythagoras soll sich angeblich zweiundzwanzig Jahre lang in Afrika aufgehalten haben. Ich denke fest an Tonton Edouard.

Jetzt möchte ich versuchen, Cheikh Anta Diop zu hören, seiner Stimme zu lauschen. Ich gebe mir Zeit, schließe die Augen und fange an, hochkonzentriert auf YouTube eine Konferenz von ihm anzuhören. Ich bin nicht sicher, ob ich alles korrekt verstehe. Cheikh Anta Diop erzählt gerade etwas über unsere Haut, die menschliche Haut. Wie die weiße Haut aus der schwarzen entstanden sei. Er redet vom Melanin in der Haut, der Menge des Melanins in der weißen und in der schwarzen Haut. Schnell hole ich das große Wörterbuch aus dem Wohnzimmer und blättere darin. *Melanin, dunkler Körperfarbstoff, rote bis schwarze Pigmente, die weit verbreitet in allen Tierklassen vorkommen, schützen die Haut vor kurzwelligem Licht.* Ich bleibe einen Moment still. Ich habe Gänsehaut. Er sagt, das Leben habe in Afrika begonnen. Die Menschen hätten ursprünglich nur eine Hautfarbe gehabt, die dunkle, und im Laufe der Jahrhunderte, bei der Flucht von einem Teil der Menschen aus Afrika in die anderen Regionen der Erde, sei der Farbstoff Melanin bei diesen Menschen immer weniger geworden, bedingt durch das kältere und härtere Klima. So komme es, dass es heute so viele unterschiedliche Hautfarben gibt, je nach Wohnort der Menschen. Habe ich das richtig verstanden? Ist das wahr? Ich bin verwirrt. Weiß das mein Vater? Weiß das Tonton Edouard? Bestimmt, da bin ich mir sicher. Ich drehe mich auf den Rücken und atme tief durch. In diesem Moment höre ich meinen Vater, er steht an der Türschwelle.

»Also, du hast tatsächlich die ganze Zeit vor dem Laptop gesessen, stimmt's, Sékou? Hast du denn schon vergessen, dass ich dir nur erlaubt habe, den Computer vernünftig zu benutzen?«

Er sieht ärgerlich aus.

»Nein, Papa, habe ich nicht«, sage ich ernsthaft. »Ich musste unbedingt etwas herausfinden. Und … das habe ich.«

Mein Vater erwidert nichts, er bleibt einfach stehen, starrt mich unverwandt an und nickt dann langsam. Ich bemerke, dass er mich versteht und nicht böse auf mich ist.

Acht

Unsere Auseinandersetzung

Ich habe lange an meinen älteren Bruder gedacht und wollte eigentlich mit ihm über das, was ich durch meine Recherche im Internet herausgefunden habe, reden. Aber er kümmert sich wenig um Afrika; er sorgt sich nur um seine Leidenschaft: Fußball. Mein älterer Bruder führt sein Leben unbeschwert. Ich beneide ihn wirklich!

Ich weiß nicht, ob ich mir vielleicht zu viele Gedanken mache. Nein, das glaube ich nicht. Tonton Edouard hat etwas gesagt, das mich tief berührt hat. Er hat gesagt, dass wir, die afrikanischen Nachkommen, die neue Generation, solidarisch miteinander sein sollen, dass wir uns einigen und uns gut organisieren lernen sollen. Was mich auch bewegt, ist das Engagement für ein besseres Leben, das wir auch aufbringen sollen. Wir sollen an uns selbst glauben und mutig sein. Jetzt verstehe ich, warum er sich damals nicht mit mir unterhalten wollte und sagte, ich sei zu klein für diese Geschichte über Afrika. Er hatte völlig recht, da das Thema echt kompliziert und schwer vorstellbar ist, traurig und empörend. Gerade das, was hier über Afrika und seine Menschen erzählt wird: die Werbeplakate, auf denen schockierende Bilder gezeigt werden, die Geschichten, die man oft in Kindersendungen vermittelt, die Flyer von Hilfsorganisationen, auf denen immer Bilder von Kindersoldaten oder erbärmlichen, unglücklichen, traurigen, verletzten, schmutzigen, weinenden, schwer kranken afrikanischen Kindern abgedruckt sind. Wieso wird nicht von dem modernen Leben in Afrika erzählt? Ich bin selbst immer neugierig und interessiert, wenn es um das Leben der jungen Menschen wie mich geht. Ich habe viel von Tonton Edouard erfahren. Ich bin mir ganz sicher, dass das auch interessant für viele Jugendliche hier sein kann, wenn ich nur allein an meine Schulfreunde denke. Wieso interessieren sich die Menschen hier denn eigentlich so für das Elend der armen Kinder? Wieso protestieren sie nicht gegen den Verkauf von Waffen in Afrika, nicht gegen die Einmischung der mächtigen Länder – ihrer eigenen Länder – in die Politik der afrikanischen Länder? Jetzt denke ich an die Furcht, von der Tonton Edouard geredet hat, jedoch verstehe ich das nicht recht. Ich frage mich einfach, wieso? Ich verstehe noch immer nicht, warum die Führer, die guten und klugen afrikanischen Führer oft eingeschüchtert, verfolgt, festgenommen und auch ermordet werden, wie er gesagt hat. Ich verstehe diese Welt nicht. Wenn ich mir diese Dinge noch mal in Erinnerung rufe, so stelle ich fest, dass Tonton Edouard nicht der einzige Afrikaner ist, der so was denkt. Jetzt erinnere ich mich an die eifrigen Diskussionen, die die Freunde meines Vaters bei uns zu Hause führen, auch manchmal, wenn wir einen Bekannten von ihm zufällig auf der Straße treffen. Doch das habe ich bisher gar nicht bemerkt. Ich stelle fest, dass sich viele Afrikaner der Situation ihres Kontinents sehr bewusst sind, sie aber darauf bedacht sind, hier ein ruhiges Leben zu führen. Wie schwer das wohl für sie ist? Die letzten Nachrichten aus vielen Ländern Afrikas sind dafür ein Beweis: In Tschad, im Kongo, in der Elfenbeinküste, in Libyen, in Mali, im Sudan, in Guinea, in Burkina Faso, in Zentralafrika, ich weiß nicht mehr, wo noch – überall geht es um Demokratie, das habe ich oft gehört. Die Zeit der Präsidentenwahl in Afrika ist ein angstvoller Moment. Vor allem habe ich auch erfahren, dass die mächtigen Länder dabei häufig einen bestimmten Kandidaten unterstützen. Und dies führt unvermeidlich zu Bürgerkriegen, bei denen Kinder und Frauen oft die ersten Opfer sind. Tausende Flüchtlinge müssen ihre Länder verlassen. Als hier in Europa geborener schwarzer Jugendlicher finde ich all das merkwürdig, erschreckend, grausam.

Am besten zerbreche ich mir nicht weiter den Kopf mit diesen Problemen. Ich muss Jamina treffen und ihr erzählen, was ich bei meiner Recherche im Internet herausgefunden habe. Ja, mal sehen, wie sie darauf reagieren wird. Ich bin gespannt und freue mich schon darauf.

Mir ist es nicht gelungen, Jamina in der Pause zu treffen, auch nicht nach der Schule, da ihr Vater sie in dieser Woche jeden Tag abgeholt hat. Jedoch habe ich es heute, als die

Schule zu Ende war, geschafft, ihr kurz ins Ohr zu flüstern, dass ich etwas Spannendes über die Geschichte Afrikas im Internet herausgefunden habe. Ich habe es ihr absichtlich so spannend erzählt, damit sie neugierig wird, und später hatte sie sich fast geweigert, mit ihrem Vater nach Hause zu fahren. Dann hat sie mir eine SMS geschrieben, dass wir uns unbedingt am nächsten Tag, am Samstag, treffen müssen. Ich soll zu ihr kommen.

Meine Eltern haben heute Besuch aus Belgien. Es herrscht eine behagliche Stimmung zu Hause. Wir sind alle da. Bald kommen noch andere Freunde meines Vaters dazu, aber nicht Tonton Edouard, das habe ich von unserer Mutter erfahren. Alle sind in guter Stimmung. Aber ich kann schwer an etwas anderes denken als an mein Treffen morgen mit Jamina. Zwischendurch verspüre ich die Lust, den Laptop zu nehmen und mich noch mal mit meiner Recherche zu beschäftigen. Selbstverständlich weiß ich, dass mir mein Vater es nicht erlauben würde. Jetzt geht es um den Besuch. Wir müssen alle dabei sein und an der Runde teilhaben. Das ist auch schön!

Schon nach dem Frühstück kündige ich bei meinen Eltern an, dass ich Jamina treffen muss. Mein Vater fragt mich nur, ob ich zu ihr nach Hause gehen werde. Als Antwort habe ich ernsthaft genickt, und er hat nichts gesagt.

Als ich ins Wohnzimmer gehe, sehe ich, wie sich mein älterer Bruder mit dem Computer beschäftigt. Gute Gelegenheit, denke ich mir. Ich muss ihn fragen, wann er ihn mir geben kann.

»Ich bin fertig, du kannst ihn nehmen«, antwortet er und schnappt sich sein Smartphone.

»Prima, danke!«, sage ich überglücklich.

Ich gehe noch mal auf die schon besuchten Seiten über die afrikanischen Historiker und Wissenschaftler, lese dieselben Berichte und höre gleichzeitig die Reden von Cheikh Anta Diop. Die Zeit reicht nicht aus, bemerke ich. Ich muss mich jetzt auf den Weg zu Jamina machen.

Ich entscheide mich zu laufen, obwohl der Bus in ein paar Minuten kommen soll. So weit entfernt wohnt sie schließlich nicht. Es sind nur drei Haltestellen. Ich könnte auch mit meinem Fahrrad fahren, aber ich brauche einfach Ablenkung, Entspannung, das Gefühl, frei zu sein. Deshalb laufe ich lieber.

Mein Körper erhitzt sich langsam, und ich fühle mich gut, aber mein Herz klopft schnell. Nicht wegen der Lauferei, sondern vor Aufregung, trotz meiner Mühe, mich zu beherrschen. Ich bleibe stehen. Ich muss Jamina eine SMS schreiben, dass ich schon unterwegs bin. Dann laufe ich weiter. Ich rufe mir den gestrigen Abend mit den Besuchern in Erinnerung. Es gab interessante Gespräche und Diskussionen. Wieder haben meine Eltern und ihre Besucher über die jetzige Situation in Afrika geredet. Es entstand Sorge, Ärger, aber auch Hoffnung daraus. Es gibt eine echte Zukunft in Afrika! Das haben sie alle zustimmend mit

Begeisterung behauptet. Die Bevölkerung dort ist jung, sehr jung sogar. Bis zum Ende des Jahrhunderts werden noch viel mehr Afrikaner auf der Erde sein, sogar mehr als die Chinesen. Unglaublich! Und das ist ein großes Potenzial. Darum ist es dringend notwendig, sich jetzt um die junge Generation zu kümmern. Diese jungen Menschen sollen unterstützt werden, damit sie ihre Fähigkeiten entfalten und entwickeln können. Als Erstes soll man ihnen eine gute Bildung, gesunde Ernährung und medizinische Versorgung zur Verfügung stellen, so schlagen es die Experten vor. Afrika ist also die Zukunft der Welt! Ich erinnere mich daran, dass einer von denen gesagt hat, er verlässt sich nur auf die neue Generation. Ich war innerlich stolz und habe sofort an meinen Meister Tonton Edouard gedacht. Sie haben von der panafrikanischen Bewegung erzählt. Jetzt bin ich fest davon überzeugt, dass sich viele Afrikaner tief in ihrem Inneren aber doch des Angriffs – so haben sie es benannt – gegen Afrika bewusst sind. Nur fehlen dabei bisher noch eine echte Einigung und eine gute Organisation. Afrika kann in erster Linie nur von seinen Menschen vorangebracht werden, denn trotz der zahlreichen und großzügigen sogenannten Hilfe aus vielen mächtigen Ländern wird sich die Situation in vielen Ländern Afrikas nicht verbessern. Das hatte auch einer von den Besuchern ganz deutlich betont.

Ich befinde mich auf einmal in dem Viertel von Jamina. Ich strahle vor Erleichterung, da ich die Straße, in der sie wohnt, schon sehe. Bald bin ich da. Prima! Ich beeile mich unwillkürlich. Einige Minuten danach sehe ich ihre Wohnungstür. Nur ein paar Meter davon entfernt sehe ich sie am Fenster stehen und winken. Die Tür summt, als ich klingeln will. Ich drücke sie auf und gehe hinein.

»Hi, Sékou! Willst du was trinken? Ansonsten lass uns mit meinem kleinen Bruder kurz auf den Spielplatz gehen. Meine Mutter braucht ein bisschen Zeit für sich, um etwas in Ruhe zu erledigen. Sie muss …«, sagt sie.

»Kein Problem, Jamina«, unterbreche ich sie.

Sie nimmt ihren Bruder und setzt ihn in den Kinderwagen.

»Mama, ich bin raus!«, ruft sie und öffnet die Tür.

Ich helfe ihr dabei und wir stürzen aus der Wohnung.

»Na los, erzähl mir jetzt alles!«, sagt sie und guckt mich aufmerksam an.

»Moment!«, sage ich lächelnd.

»Ich habe gestern auch ein bisschen im Internet geguckt«, verkündet sie mir stolz.

»Ja? Und?«

»Ich hab was gesehen. Du weißt, ich kann kein Französisch.«

»Es gib auch Bücher auf Englisch. Und eine deutsche Übersetzung habe ich gefunden.«

»Ja, das habe ich gesehen. Ich meine seine Rede …«

»Du hast recht. Dann erzähle ich dir …«

Die ganze Zeit reden wir nur darüber. Inzwischen ist Jamina traurig geworden.

»Wenn all das stimmt, dann müssen wir was unternehmen. Nur plappern kann uns nicht voranbringen«, sagt sie ein wenig frech. »Ich kann das nicht nachvollziehen, wie alles so geschehen konnte.«

»Ich bin völlig deiner Meinung, Jamina. Es gibt noch vieles zu entdecken«, füge ich hinzu. »Wir müssen was unternehmen, und zwar zusammen, wie die Panafrikaner es dringend empfehlen, und dafür kämpfen!«, sage ich stolz.

»Ja, zusammen können wir sicher viel schaffen«, sagt Jamina fast verlegen.

Ich bin wie besessen von Jaminas Meinung. Ich laufe wieder nach Hause zurück. Ich fühle mich stark. Innerlich spüre ich ein freies Gefühl. Wie schön!

Ich kann kaum glauben, wie ich es so schnell nach Hause geschafft habe. Jetzt habe ich ein bisschen Hunger.

»Gibt es was zu essen, Mama?«, frage ich.

»Warte mal ab!«, antwortet sie. »Es ist übrigens was für dich gekommen!«

Ich bin überrascht. Dann reiße ich die Augen auf. Unsere Mutter reicht mir einen Zettel.

»Tonton Edouard war kurz hier!«, ruft mein älterer Bruder.

»Er ist leider schon wieder weg, mit eurem Vater«, sagt unsere Mutter.

Rasch gehe ich in mein Zimmer, entfalte den Zettel und fange an, den kurzen Brief zu lesen.

Mein lieber kleiner Freund Sékou,
ich bin zu euch gekommen, weil ich nächste Woche nach Afrika fliegen muss. Ich bin von meinem Arbeitgeber plötzlich beurlaubt worden, weil es zurzeit nicht so viel Arbeit in der Firma zu erledigen gibt und auch, weil ich in den letzten Jahren zu viel gearbeitet habe. Das ist recht gut. Es hat sich zufällig eine gute Gelegenheit ergeben und ich habe mich spontan entschieden, nach Afrika zu fliegen. Lange Zeit war ich nicht dort. Ich gehe zur Quelle und freue mich sehr darüber. Es ist an der Zeit, mich auch für mein Land zu engagieren. Jeder von uns kann etwas Wichtiges und Entscheidendes zur Verbesserung unserer Situation beitragen. Es ist nur eine Frage des Mutes und des Willens, wie ich dir schon mal gesagt habe. Niemand kann uns wirklich helfen als wir uns selbst. Darum ist es höchst entscheidend, egal wo man ist, etwas dafür zu tun …

Bestimmt werden wir uns noch mal treffen, auch mit Jamina, wenn ich wiederkomme. Sei mutig und glaub an dich, mein kleiner Freund, und du wirst sehr glücklich sein. Ich bin stolz auf dich!

Ich grüße euch ganz herzlich.

Dein Tonton Edouard.

Ich drücke den Zettel an meine Brust und stelle mich ans Fenster. Ich lese ihn noch einmal. Eine Weile beobachte ich verträumt die Leute auf der Straße und den Verkehr. Es ist ruhig, ganz ruhig. Ich schaue mich kurz um und höre aus dem Wohnzimmer das Geschrei meiner kleinen Schwester. Dann drehe ich mich wieder zum Fenster und atme tief durch. Ich schließe einen Moment lang die Augen, öffne sie wieder, und sage dann flüsternd, aber stolz: »Wir sind doch Afrikaner.«

- ENDE -

Fortsetzung folgt …

Der Autor

Mouchi Blaise Ahua wurde 1967 in Abengourou (Elfenbeinküste) geboren. 1991 begann er an der Universität Cocody-Abidjan ein Studium der Sprachwissenschaften. 2000 erhielt er ein DAAD-Forschungsstipendium für die deutsche Universität Bielefeld, und 2004 promovierte er an der Universität Osnabrück.

Von 2005 bis 2010 war er Mitglied der französischen Sprachforschung CREDILIF (*Centre de Recherche sur la Diversité Linguistique de la Francophonie*) der Universität Rennes 2 und trug wissenschaftliche Artikel über die gemischte Sprache (bzw. den Slang) *Nouchi* der Elfenbeinküste in der Revue *Le Français en Afrique* vom CNRS der Universität Nice (Frankreich) bei.

Inzwischen erteilte er Französischunterricht an den Volkshochschulen Rotenburg an der Wümme und Bremerhaven. Seit 2011 interessiert er sich für die Waldorfpädagogik und arbeitete an den freien Waldorfschulen Duisburg und Dortmund, seit 2014 in Aalen.

Als freier Autor lebt er mit seiner Frau und seinen zwei Töchtern in Aalen, wo er sich dem Schreiben und Veröffentlichen von Kinder- und Jugendbüchern widmet. Blaise Mouchi Ahuas großes Interesse als Autor liegt in den Themenbereichen *Zuwanderung*, *Integration* und *afrodeutsche Beziehungen*.

MIX
Papier aus verantwortungsvollen Quellen
Paper from responsible sources
FSC® C105338